朝鮮時報

조선시보 번역집 2

교육편

옮긴이

조강희 趙堈熙, Cho Gang-hee

일본 히로시마대학 문학박사. 부산대학교 인문대학 일어일문학과 교수로 재직 중이다.

부산대학교 일본연구소장, 부산대학교 교양교육원장, 한국연구재단 인문학단 전문위원, 부산대학교 인문대학장, 교육부총장, 대한일어일문학회 회장을 전임하였다.

연구논문으로 「東萊府の訓導・別差と対馬の朝鮮語通詞が交わした書簡の和解について-ハングル書簡の翻訳の観点から」(『일본학보』, 한국일본학회, 2017), 「『朝鮮王朝實錄』に見られる日本 名の 音譯表記法に関する研究」(『일어일문학』, 대한일어일문학회, 2021), 저서로 『朝鮮通信使 易地聘禮 交涉の舞台裏』(공저, 2018) 九州大學出版會 등 다수를 출간하였다.

일제강점기 일본어신문

조선시보(朝鮮時報) 번역집 02 교육편

초판인쇄 2023년 6월 5일 **초판발행** 2023년 6월 10일

옮긴이 조강희 **펴낸곳** 소명출판 **출판등록** 제1998-000017호

주소 서울시 서초구 사임당로14길 15 서광빌딩 2층

전화 02-585-7840 **팩스** 02-585-7848

전자우편 somyungbooks@daum.net **홈페이지** www.somyong.co.kr

값 22,000원

ISBN 979-11-5905-702-1 94910
979-11-5905-704-5 (세트)

본 역서는 2017년 대한민국 교육부와 한국연구재단의 지원을 받아 수행한 연구임(NRF-2017S1A5B4055721)

朝鮮時報

일제강점기 일본어 신문

조선시보 번역집 2

교육편

A Collection of Translations of the Japanese Newspaper *Joseon Shibo* during the Japanese Colonial Period

조강희 옮김

책머리에

『조선시보』는 1894년 11월 21일부터 1940년 8월 31일까지 46년간에 걸쳐서 부산에서 발행된 일본어신문이다. 부산은 1876년에 체결된 강화도조약에 의해 같은 해에 개항하게 된다. 이후 1880년에 원산, 1883년에는 인천이 개항하였다. 청일전쟁과 그 후의 러일전쟁의 승전은 한반도에서 일본인들의 경제활동을 견고히 하였다. 강화도 조약 제10조 '개항장에서 일어난 양국인 사이의 범죄 사건은 속인주의에 입각하여 자국의 법에 의하여 처리한다'와 같은 보호 아래 정부관리, 언론인, 상인 등이 줄지어 내한하여, 지리적으로 가까운 부산에 많은 일본인들이 체류하게 되었다. 이들 대부분은 상업이나 무역에 종사하였다.

당시 조선은 일본의 전황戰況 보도와 급격히 늘어난 일본인의 상업 활동을 보도할 목적으로 일본인에 의해 신문이 많이 간행되기 시작하였다. 이러한 신문의 독자층은 일본인이었으며 대부분 상업 활동을 보도하는 상업신문으로 발간하였다.

부산에서도 부산과 인근의 상업 활동을 하는 일본인들의 근황을 보도할 목적으로 1892년 7월 11일에 일본어 신문인 『부산상황釜山商況』이 발간되었다. 그 후 재정악화로 제호를 『동아무역신문東亞貿易新聞』으로 바꾸는 등 활로를 모색하였지만 2년 후 휴간을 하게 된다. 이것을 1894년 7월 『한성신문』 사장인 아다치겐죠安達謙藏가 중심이 되고 재부산일본총영사인 무로타 요시후미室田美文, 부산상공회의소 회장인 사카키바라 시게오榊原茂夫 등이 지원하여 1894년 11월에 『조선시보』라는 이름으로 제호를 변경하고 재발행하였다. 이 신문은 일본인이 다수 거주하고 있는 마산, 진주, 진해, 대구 등지에도 지국을 설치하였다. 이후 1941년에 통감부가 『남선일보』와 『조선시보』를 『부산일보』에 통합시킴으로써 폐간하게 된다.

『조선시보』는 대일 수출입 및 지역의 상업에 관한 기사 등 경제상황을 보도하는 신문으로 출발을 하였지만, 일본의 정치, 경제, 군사, 정부정책 호응 등의 시사성을 가진 신문으로 변전되었다. 특히 조선총독부의 관련 기사나 동경을 비롯한 일본 내지內地의 소식을 급전보 형식으로 보도하는 등 일본정부의 대륙진출 정책에 호응하고, 일본인의 이익을 옹호하는 논조를 유지하였다.

예를 들면 1914년 11월 4일 자 『조선시보』의 제1면을 살펴보면 「축경남공진회祝慶南共進會」의 축하 현판과 「동경지급전보東京至急電報」(◯ 육군성 공보, ◯터키 이집트 병합, ◯ 영국 터키 간 국교 단절, ◯ 이탈리아 내각 총사퇴, ◯ 독일군 퇴각, ◯ 청도함락 시기, ◯ 적총독의 대처, ◯ 양가장揚家庄 포대 함락, ◯ 독일 잠항정潛航艇), 그리고 기사로 ◯ 일본과 중국 (철도)연락 계획, ◯ 포항통신(안강초등학교 개교식), 황운십리黃雲十里(여행기), 단가(시), 신간소개, 연재소설悔恨, 하단의 광고(포도주, 금환金丸총포점, 치과개업, 콘덴스 밀크, 길천吉川상점)로 구성되어있다.

『조선시보』도 타 신문들과 같이 일정 부분 일본의 정책을 옹호하고 선전하는 기관지의 성격도 띄고 있는 것을 알 수 있다. 『조선시보』 기사에 대한 조사와 분석은 당시 일본인들이 한반도에서 상업활동을 한 실태를 알 수 있을 뿐만 아니라, 일본의 한반도 식민지 정책의 실태와 변화 등을 엿볼 수 있다. 꾸준하게 게재되는 광고를 통해서도 병원, 신약, 잡화 등 근대 상업의 변모와 물가나 소비형태 등을 가늠해 볼 수 있는 자료로 활용할 수 있을 것이다.

본 번역 해제집은 『조선시보』 기사 중 '교육' 관련 기사에서 선별한 것이다. 교육 관련 기사는 조선에 거주하는 일본인 교육정책의 변화를 알 수 있을 뿐만 아니라, 식민지 조선의 교육정책에 대한 실태와 변화를 엿볼 수 있

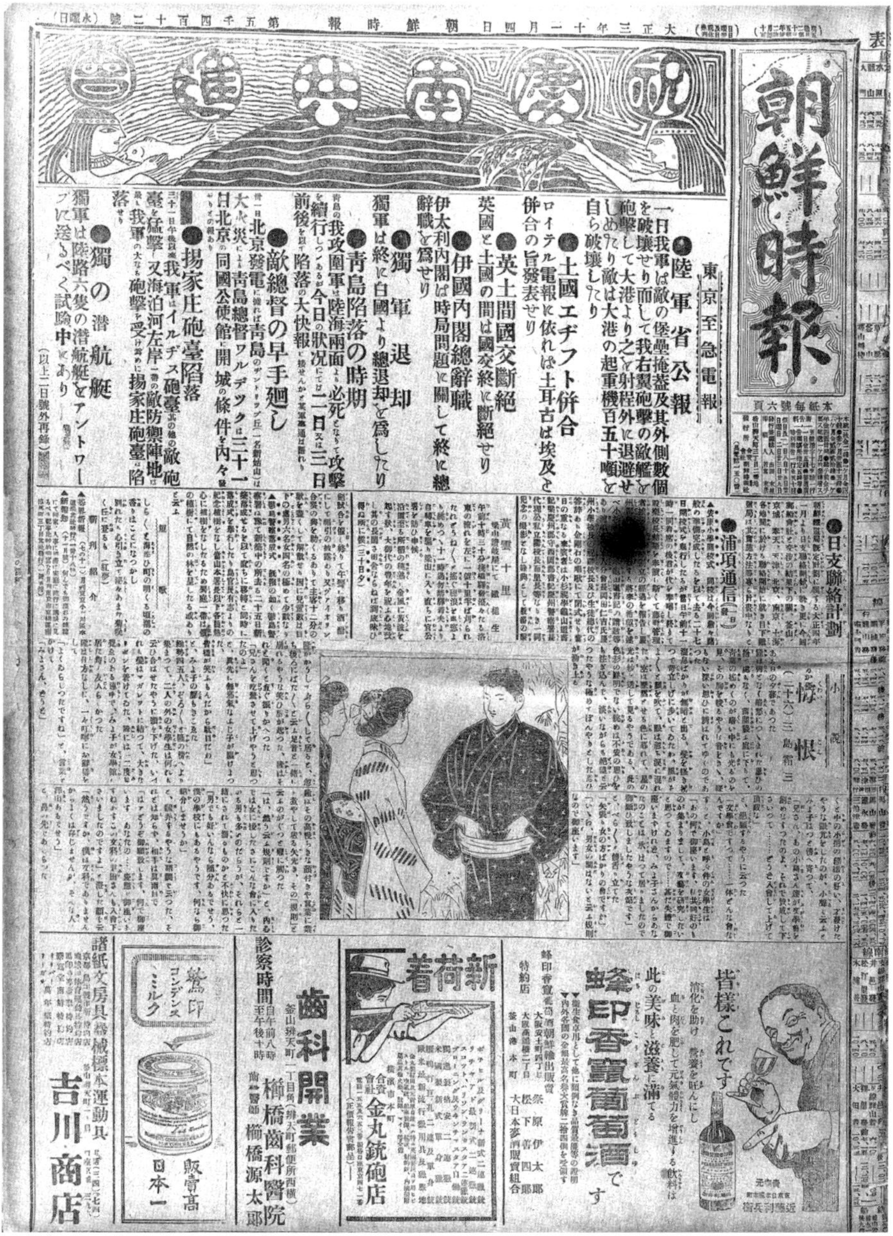

大正三年十一月四日 朝鮮時報 第五千四百十二號（水曜日）

朝鮮時報

本紙毎號六頁

東京至急電報

陸軍省公報

一日我軍は敵の堡壘掩蓋及其外側數個を破壊せり而して我右翼砲は敵艦を砲撃して大港より之を射程外に退避せしめたり敵は大港の起重機百五十噸を自ら破壊したり

土國エヂプト併合

ロイテル電報に依れば土耳古は埃及を併合の旨發表せり

英土間國交斷絶

英國と土國の間は國交終に斷絶せり

伊國内閣總辭職

伊太利内閣は時局問題に關して終に總辭職を爲せり

獨軍退却

獨軍は終に白國より總退却を爲したり

青島陥落の時期

青島の我攻圍軍は陸海兩面より必死となりて攻撃を續行しつゝあるが今日の狀況にては二日又は三日前後を以て陥落の大快報に接せんか

敵總督の早手廻し

一日北京發電に據れば青島の…大災にて青島總督ワルデツクは三十一日北京の同國公使館に開城の條件を内々…

揚家庄砲臺陥落

三十一日午後我軍はイルチス砲臺其の他の敵砲臺を猛撃し又海泊河左岸の敵防禦陣地…我軍の大なる砲撃を受け揚家庄砲臺陥落せり

獨の潜航艇

獨軍は陸路六隻の潜航艇をアントワープに送るべく試験中なりと（以上二日號外再録）

日支聯絡計劃

浦項通信

小説 悔恨

皆様これです

蜂印香竄葡萄酒です

新荷着 金丸銃砲店

齒科開業 櫛橋齒科醫院 櫛橋源太郎

鷲印コンデンスミルク 販賣高日本一

諸紙文房具器械標本運動具 吉川商店

다. 해제집의 편집은 『조선시보』 기사 중에서 교육 관련 기사를 모아서 목록을 제시하고, 중요한 기사 몇 개를 번역하여 모운 것이다. 교육관련 기사도 '조선교육', '여성교육', '식민지교육', '공업교육' 등 분야별로 분류하여 게재하였다.

1. 조선교육

『조선시보』에서 조선교육에 관한 첫 기사는 1916년 7월 22일 자의 「조선인 교육 학교」라는 제목으로 총독부에서 조사한 조선의 학교 수를 각 도별로 소개한 것이다. 1917년 10월 21일 자 기사에는 「조선의 교육 상태」를 게재하고 있으며, 1937년 3월 12일의 「조선의 의무교육 건의」의 사설과 1937년 12월 23일의 「정부 양해를 얻어 조선교육의 대개혁」이라는 기사가 주목된다. 조선교육 관련 기사의 제목은 아래와 같다.

〈표 1〉 조선교육 기사 일람표

일자	제목	부제목
1916.7.22	조선인 교육 학교	
1916.8.20	조선의 교육에 관하여	귀족원의원 이사와 슈지 씨
1917.10.21	조선의 교육 상태	반하라(幣原) 문학박사 말
1917.10.25	부산 교육가에게	언어의 통일과 교정
1917.10.28	조선인 교육과 만주 몽골	
1921.10.22	조선 교육령 제자리 걸음	중등학교의 공학이 난관
1922.11.14	조선 현재의 교육 추세에 비추어 봄 동방 문예원 대학	창설 준비 착착 진척되다
1923.6.30	조선의 교육사업	내년도 학무국 방침
1923.8.23	조선인과 교육	도쿄
1924.2.9	의무교육 연장과 조선	

일자	제목	부제목
1924.2.15	조선의 교육 상황	내지인의 몫 선구는 부산
1925.5.9	경상남도 조선인 교육	향학열 발흥이 생각보다는 실적이 오르지않다
1926.1.1	조선교육계	올해는우선 형식적으로 완비 향후는 내용 충실을 기해야
1927.2.17	조선의 교육비도 일본과 같이 국고에 요구하자	
1928.1.24	재 만주 조선인의 교육개선 연구	그들의 경제 지위를 높이는 수단 만주철도 우선 부속지부터 개선
1928.1.28	중국인 교육과 조선인 교육	
1928.3.4	재 만주 조선인 교육시설 철거의 전제인가	간도 중국인 학교에서는 정규과목으로 일본어를 가르치다
1929.10.6	조선교육 향상을 위한 교육대회의 이바지	결코 적다고 할 수 없다
1929.10.9	조선의 교육에는 완전히 백지입니다	고다마 총감의 권유로 취임
1931.2.13	조선 교육의 공로자로 표창	다카하시 보통학교장 가와이 학교조합 관리자 11일 사이토 총독으로부터
1932.1.1	조선의 교육	인제 중심주의로 나아간다
1933.8.27	<사설> 총리의 교육관(상)	학교가 과연 지나치게 많은가? 수상 대 총재의 진문답
1933.8.27	<사설> 총리의 교육관(하)	학교가 과연 지나치게 많은가? 수상 대 총재의 진문답
1933.11.2	조선여성 교육 보급 계획	경상북도 교육회 총회
1934.5.9	<사설> 교육제도의 개혁	아무쪼록 근본적으로 유럽에 도취된 사상을 일소하라
1935.1.1	조선교육의 신장 주목할 가치 있다	완전히 체계는 갖추었다 연초 우선 각오를 새로이 하라
1937.3.12	<사설> 조선 의무교육 건의	전라남도회의 건의안 가결에 대하여 주목해야할 교육 향상열의 비등
1937.3.22	조선인 초등교육 보급 배가계획 수립되다	10년 후에는 2천 2백 7십 5학급 8만 천 8백 명을 수용
1937.10.7	전 조선에서 처음으로 교육주간을 설정하다	각 학교에 소년단 조직 등 시국 인식에 매진하다
1937.12.23	정부의 양해를 얻어 조선교육의 대개혁	내선일체로 매진하는 부산에서 시오바라 학무국장이 말하다
1939.10.11	조선교육회 중부 중국 황군 위문	경상남도에서 2명 선발 도내로부터 위문문 가지고 가다
1939.10.25	조선교육주간	24일부터 1주간

2. 식민지교육

『조선시보』에서 '식민지 교육'이라는 단어를 사용한 기사 제목은 초기인 1915년 3회, 1917년 2회밖에 없다. 1918년 이후는 '식민지 교육'이라는 용어를 사용한 기사가 없다는 것에 주목할 필요가 있다. 식민지 교육에 관한 기사 제목을 살펴보면, 1915년 3월 26일부터 3일간 「식민지 교육에 대하여」 3회에 걸쳐서 연재를 하고 있고, 1917년 10월 3일 「식민지 교육행정」, 1917년 10월 12일에는 「식민지 교육을 보고」라는 제목에 "대단히 큰 성은을 우러르다"라는 부제에서 보여주듯이 천황에 대한 성은을 기사화하고 있다. 식민지 교육 관련 기사는 아래와 같다.

〈표 2〉 식민지교육 기사 일람표

일자	제목	부제목
1915.3.26	<포항과 안강> 식민지 교육에 대하여(1)	
1915.3.27	<일간><기서> 식민지 교육에 대하여(2)	
1915.3.28	<일간> 식민지 교육에 대하여(3)	
1917.10.3	식민지 교육행정	
1917.10.12	식민지 교육을 보고	광대무변한 성은을 우러르다

3. 여성교육

여성교육과 관련된 기사는 1917년 7월 15일 자의 「여자사범학교의 광채, 경성여학생 졸업－자녀교육에 헌신」의 기사가 처음이다. 이후 20년부터 매년 3, 4회 정도의 기사가 검색되었다. 특히 1929년에는 여성교육의 개선, 여성교육의 실제화, 여성교육 보급 등의 기사가 집중되어 있다.

〈표 3〉 여성교육 기사 일람표

일자	제목	부제목
1917.7.15	여자사범학교의 이채, 경성 여학생 졸업	자녀교육에 헌신
1920.4.6	여성교육의 변혁	머지않아 실현될 여학교령 개정에 대해서
1920.4.13	장래의 여성교육	
1920.4.13	미국 여성이 본 일본 여성의 상태	결국은 교육이 부족하다
1920.4.14	장래의 여성교육	카미미와다 고등여학교 교연 미와다 모토미치씨의 말씀
1921.4.15	조선의 여자 교육에 대하여	
1922.11.29	여성의 교육	
1923.1.11	<언론> 여자와「사람」으로서의 교육	그들은 자기 아이도 대변할 수 없다
1923.1.14	<교육 일요 강연>	
1923.4.20	미국과 일본의 여성교육	
1923.7.6	여성 교육을 위하여 산고등여학교의 확장은 이와 같은 이유로 필요	
1926.9.7	여성교육과 성인처녀	문부성 근본방침을 세우다
1929.2.3	여학교 교육의 결함	
1929.5.11	여성과 고등교육	
1929.5.12	여성교육의 개선	중학안 결정 후 바로 착수하다
1929.5.16	여성 교육	개선책을 협의
1929.5.25	여성교육 개선(1)	획일타파가 급선무
1929.5.26	여성교육 개선(2)	획일타파가 급선무
1929.5.27	여성교육 개선(3)	획일타파가 급선무
1929.12.3	여성과 종교교육	
1929.12.6	현실에 맞는 여성교육의 확립	실제 필요를 느낀다
1930.11.12	<여성 교육 개선> 학과목 정리가 급선무	
1930.11.17	여학교 교육은 실지학과 실제화	공리공론은 그만두라
1931.10.14	여성교육에도 직업과목이 필요	현재 여성의 향상성
1935.1.3	여성교육의 개선 획기적 계획을 시행하다	당장 도움되는 여성을 양성하다 경상남도 교육의 대쇄신
1935.1.5	<사설> 여성교육에 중점	경상남도 교육의 대쇄신 일신 기원을 도모하다
1936.3.1	<사설> 여성교육의 검토	부산고등여학교의 4년제 변경 이유를 생각하다
1939.11.24	<사설> 여성 교육의 재검토	무엇을 가르치고 있는가, 그것을 확실히 파악할 필요가 있다

4. 실업교육

실업교육에 관한 기사는 1918년 4월 21일 자에 총독부에서 17일에 실업교육조사회를 개최하였다는 기사가 처음으로 보인다. 1924년 5월 20일 자 「조선의 실업보습교육 상황」의 기사에서는 '조선에서는 교육령이 실시된 지 얼마 안 되어 아직 의무교육도 실시되지 않은 실정과 실업보습교육의 미비, 입학자의 부족과 향학심이 희박한 것을 우려하고 있다. 이러한 실업교육은 산업의 발달과 대국적 관점에서 등한시할 수 없으며, 국민교육을 충실하게 하는 의무교육 시행의 전제로 장려해야만 한다'고 하고 있다. 1929년 실과교육의 장려, 1930년대 실업교육의 진흥에 대한 기사가 집중되어 있는 것을 알 수 있다.

〈표 4〉 실업교육 기사 일람표

일자	제목	부제목
1918.4.21	실업교육 조사	
1921.5.31	산업교육의 선전	
1924.5.20	조선의 실업보습교육 상황	
1925.7.5	실업교육 장려	편중된 향학심을 완전히 바꾸라
1926.11.22	조선인 자제의 실업교육	교육총회 문제
1927.5.24	실업 보조교육 내용을 개선하고 부업도 가미	
1929.5.19	실과교육 자료를 모아 조선박람회에 출품	
1929.7.14	실과교육	제1회 강습회
1929.11.22	실업교육에 우선 힘을 쏟아라 오늘날 교육의 결함	
1929.11.28	실업교육	전력을 다해 개선
1929.11.29	교육개선과 기술교육의 장려	실행교육 확충을 도모하라
1929.12.2	교육개선과 기술교육의 장려	실행교육 확충을 도모하라
1930.12.5	<직업교육의 진흥>	
1930.12.7	실과교육 진흥 동계 공업 강습회	오는 26일부터 4일간 부산고등소학교에서 개최

일자	제목	부제목
1931.1.19	실업교육의 진흥과 지방교육	교원의 감봉은 피하고 싶다 다나카 문부대신 훈시
1931.2.20	경상남도 실과교육	직업교육의 충실을 기하다
1931.11.2	실업보습교육 그 지방화에 관하여	그 진흥을 기도하라 마쓰다 쓰네키치 씨 담화
1934.5.4	실업교육에 정신 훈육을 강조	일본 내지 교육을 시찰하고 사카모토 학무과장 출장 보고
1934.6.18	실업교육실시 50주년을 맞이하다	전국 여러 실업학교 기념식
1934.8.20	실업교육 50주년	문부성에서 계획
1934.9.13	실업교육 실시 50주년 기념식	간인노미야 전하를 총재로 받들어 모시며
1934.10.28	<사설> 실업교육 25년	조선의 발달을 생각하다 제2상업학교 기념일에 즈음하여

5. 농업교육

농업교육에 관한 기사는 매우 적다. 1930년 9월 11일 '경남농업교육 쇄신 협의회'가 진주, 김해, 밀양의 세 농학교장을 소집하여 각 교장의 의견을 청취 개진하고, 구체적 방안을 세워 내년도부터 실시하게 할 예정이라는 기사가 있으며, 같은 해 9월 13일 「세 학교 교장을 초대 농업교육의 쇄신-12일 경상남도 도청에서 다니 지사 몸소 출석 협의」에서 개선의견에 대한 답신과 학과과정, 실습방법, 실습장려 방법, 졸업생 지도 등 구체적 개선안을 세워 내년도부터 실시하게 되었다는 기사이다.

〈표 5〉 농업교육 기사 일람표

일자	제목	부제목
1930.9.11	경상남도 농업교육	쇄신 협의회
1930.9.13	세 학교 교장을 초대 농업교육의 쇄신	12일 경상남도 도청에서 다니 지사 몸소 출석 협의

6. 과학교육

과학교육에 관한 기사는 1930년 1회, 1931년 2회 검색된다. 1930년 10월 17일 자 기사는 「체육교육 과학 제2회 연구회」로 체육과학의 보급을 위해 체육연구회를 개최하여 체육의 과학적 연구를 발표한다는 내용이다. 1931년의 두 기사는 과학기술의 장려와 과학 박물관의 필요성에 대한 담화를 게재하고 있다.

〈표 6〉 **과학교육 기사 일람표**

일자	제목	부제목
1930.10.17	체육교육 과학	제2회 연구회
1931.1.13	기술적 교육과 과학 장려에 대해	
1931.11.17	과학교육과 간이과학박물관	독립의 필요 있어 다나베 신지 씨 담화

7. 사범교육

사범교육에 관한 기사는 1917년 7월 15일 자 「여자사범학교의 이채異彩, 경성 여학생의 졸업」 이후는 기사가 없는데, 1927년부터 1934년에 걸쳐서는 사범교육의 개선에 관한 기사가 다수 있다.

〈표 7〉 **사범교육 기사 일람표**

일자	제목	부제목
1917.7.15	여자사범학교의 이채, 경성 여학생의 졸업	자녀교육에 헌신
1927.6.3	사범교육 개선회의	도 학무과에서 연구 야마시타 과장이 출석
1927.6.28	사범교육 개선과 실업교육 진흥	시학관 회의와 대의원 총회의 문제

일자	제목	부제목
1928.2.24	진주사범의 개선 교육의 보급 내용 충실	지방의원의 희망 날카롭게 질문 당국 재정난으로 응수 실언문제까지 일어나 도의회 떠들썩하다
1929.1.29	마침내 내년도부터 진주사범 폐지내정	총독부의 사범교육집약에 따른 희생 지역민의 운동도 무효
1929.6.29	고등사범학교의 승격과 정신교육의 진흥	국민 일반의 유의점
1929.7.29	덕육德育주의에 사범교육 개선	2부의 수업 년한 연장
1929.12.15	사범교육개선	자문 사항 의견
1930.11.3	철저하지 않은 사범교육의 개선	국민교육 자각을 외쳐 일으키자 공민과의 설치 필요
1930.12.6	문정심의회에서 사범교육 개선	4일 수상관저에서 협의
1930.12.14	사범교육개선 원안대로 가결하는가	문정심의회 특별위원회
1930.12.17	사범교육 결국 2부주의인가	
1930.12.17	사범교육 개선	문정심의회 특별위원회
1930.12.20	사범교육비의 국고보조를 정하다	조만간 지정을 발표하다
1930.12.22	사범교육비 국고보조액	3백 7만 5천 엔 결정
1930.12.25	<사범교육문제>	
1931.9.3	교육의 개혁과 여성고등사범학교의 존폐문제	결국 해결될것인가 아닌가 신학제의 발표와 여론
1931.9.4	사범교육이 파괴되고 정부의 학제개혁에 절대반대	긴급각종문제에 대해 의견교환
1933.11.14	학제 대 개혁 우선 사범교육 쇄신	대체적인 원안 작성하여 금주 또는 다음주 중에 문부성 회의
1934.7.31	사범교육 개선안 다시 검토하다	야마마스 참여관으로 하여금 즉시 조사시키다
1934.8.14	사범교육 개선 조사회	중등교원 면허자의 실시훈련을 시행하다
1934.12.30	사범교육 보조액	250만 원
1939.4.7	<사설> 사범교육에 중점	중등학교장의 인사이동을 보며 학무당국의 고심을 생각하다

8. 유아교육

유아교육에 관한 기사는 1923년 5월 9일 자「교육과로는 '유아교육'을 하는 부산고등여학교가 신설한 보습과」가 처음이며, 1926년 2월 18일 자「유치원 설치」, 1933년 4월 25일 자「유아교육의 중요성에 대한 〈사설〉」 등이 있다.

〈표 8〉 사범교육 기사 일람표

일자	제목	부제목
1923.5.9	교육과로는 '유아교육'을 하는 부산고등여학교가 신설한 보습과	방침은 얽매이지 않는 현모양처를 만든다
1926.2.18	유아교육을 위해 유치원 설립	현재 부산부에서 설립 출원중인 것이 이미 2건이나 있다
1933.4.25	<사설> 유아교육의 중점	잘못된 유치원교육 당사자도 학부형도 주의
1934.8.1	유아교육 강연	

9. 군사교육

군사교육에 관한 기사는 1925년 6월 4일 자「조선과 군사교육－크게 연구할 여지가 있다」의 기사가 최초이다. 1925년 7월 7일 자「조선 군사교육 다음해 봄부터 실시 당분간은 어려운가? 아직 그 시기가 아니다」와 같이 1925년부터 조선에서 군사교육을 실시하는 것에 대한 논의가 활발하여, 1926년 4월 17일 자「조선 전역 중등학교 군사 교육 실시」와 같이 1926년에 중등에서 학교 군사교육이 전면적으로 실시된다. 조선인 학생에 대한 군사교육은 1934년 6월 27일 자「조선인 자제에게 군사교육을 실시」와 1934년 12월 4일 자「〈사설〉 철저한 군사교육」 기사 등에서 엿볼 수 있다.

〈표 9〉 군사교육 기사 일람표

일자	제목	부제목
1925.6.4	조선과 군사교육	크게 연구할 여지가 있다
1925.6.7	군사교육	조선 실시
1925.6.20	군사교육은 조선에도 머지않아 실시	일본에서의 성적은 양호 먼저 일본인 학교부터
1925.7.7	조선의 학교에서 군사교육을 실시	당분간은 어려운가? 아직 그 시기가 아니다
1925.8.8	조선 군사교육 다음해 봄부터 실시	조선인학교는 보류
1925.8.30	군사교육예산	내년도부터 실시하기 위해 약 십수만 원을 계상
1925.9.1	조선 군사교육 드디어 내년 부터 시행	총기 6천 정 구입 예산
1925.10.13	주저하던 조선의 군사교육 마침내 내년부터 실시	청소년 교육은 다음에 할 예정
1925.10.19	군사교육을 받는 부산의 중학생	오는 11월 4일부터 대구 80연대에 입영
1926.1.18	다년간의 현안인 청소년의 군사교육	마침내 내년도부터 실시 그러나 충분한 고려를 해야 함
1926.2.2	연합평의회는『군사교육』이 주제인가	조선으로서는 특히 중요
1926.2.19	시행하기로 결정한 조선군사교육	총기는 육군성에서 배급 머지않아 발표할 예정이다
1926.3.18	본년도부터 실시되는 중등학교의 군사교육	이번 총독의 초대 전보는 실시준비의 교섭인가 <교장회의는 4월 상순>
1926.4.17	조선 전역 중등 학교 군사교육 실시	드디어 5월 초순부터 머지않아 장교와 교장의 협의
1926.11.13	제1회 조사의 학교 군사교육	장교 배속은 14개교 모두 좋은 성적을 올리다
1927.1.9	군사교육 교련점검	부산중학교와 제일상업학교 이마이 대좌가 학교 방문
1927.1.12	당연히 예상되는 반대가 무색하게 군사교육이 주는 영향에는 무척이나 마음 든든한 것이 있다	더욱 그 실상을 듣고 싶다
1929.8.15	조선의 특수사정에서 군사교육의 사회화 총독부와 함께 크게 힘쓰겠다	국경 경비의 확장은 곤란할 것
1930.9.26	군사교육에 중심을 둔 군사제도개혁안의 골자	소년 항공병과 통신병의 실현 이것도 동시에 단행해야
1933.11.5	부산 제2상업학교 학생 군사교육	대구 보병대에서
1934.6.19	<사설> 군사교육의 보급	조선인 학생에게도 확대 국방관념을 함양하다
1934.6.27	조선인 자제에게 군사교육을 실시	다가올 인사 이동에 배속장교를 증가

일자	제목	부제목
1934.7.21	조선인 자제에게 군사교육을 시행하다 조선 내부에서 다섯 학교를 선발하다	8월부터 실시하다
1934.10.03	<사설> 각국의 군사교육	비상한 관심을 나타냄 초등학생에게도 실시하는 이탈리아
1934.12.4	<사설> 철저한 군사교육	엄격한 규율과 훈련으로 사열관 매우 만족스러운 모양
1935.2.25	방어진 군사 교육극	

10. 도덕교육

도덕교육에 관한 기사는 1936년 1월 29일 자 「도덕교육 강조」의 강연회, 도덕교육 확립에 관한 회의, 도덕교육 강습회 등 기사가 보인다. 도덕교육에 관한 기사는 1936년 1월, 2월에 있고 그 이후는 기사가 검색되지 않는다.

〈표 10〉 도덕교육 기사 일람표

일자	제목	부제목
1936.1.29	도덕교육 강조	가토 조교수 강연
1936.2.1	도덕교육의 확립과 국체명징의 철저화	경상남도 중등학교장회의 31일, 1일 이틀간
1936.2.6	도덕교육 강습회	5일부터 제 1소학교에서

11. 공업교육

공업교육에 관한 기사는 1916년 8월 9일 자 「공업교육 조사」 등 총 9회의 기사가 있다. 1936년에 공업교육 학교의 설치를 바라는 기사, 1937년 12월 7일 자 「공업학교 설립」 기사가 있으며, 1939년 4월 22일 자 「공업교육의 확충」 기사에서는 인적자원의 확보를 통해 지역발전을 촉진시켜야 된다는 기사가 있다.

〈표 11〉 공업교육 기사 일람표

일자	제목	부제목
1916.8.9	공업교육 조사	
1923.4.5	공업보습교육 부당국의 방침	
1926.4.27	농공업 보습교육 더욱 발흥	
1927.2.26	생각지도 못한 부산공업보습 폐지 일부 의원 간에 나오는 얘기는 부당국 완전 의아한 듯 말하다	산업교육은 총독부의 근본방침
1928.1.12	공업교육 충실의 급선무	머지않아 올 호황에 대비
1930.12.7	실과교육진흥 동절기 공업 강습회	오는 26일부터 4일간 부산고등소학교에서 개최
1936.6.2	공업교육의 충실 조선 전역 각지에 공업학교 그 설치를 바란다	조선상공회의소에 부산 제안
1937.12.7	<경제만어> 공업학교의 설립	교육이 늦어지기 쉽다.
1939.4.22	공업교육의 확충	인적자원 공급을 확보하여 지역발전 촉진

12. 부산경남교육회

1930년 12월 이후 부산교육회에 관한 기사가 다수 보인다. 주로 부산교육회의 총회 및 초청강연 등 주관하는 행사에 관한 기사이다.

〈표 12〉 친일교육 기사 일람표

일자	제목	부제목
1930.12.20	부산교육회 영화회	신년휴가 중에 아동을 위해
1930.10.14	부산교육회 평의원회	
1931.12.5	부산교육회	위문금 협의
1932.3.24	염색강습회 부산교육회	26일부터 사흘간
1933.8.16	부산교육회 사회부회	17일 고등여학교에서

일자	제목	부제목
1931.12.23	부산교육회	
1934.6.20	부산교육회 서무부회 개최	신규사업계획 간담
1934.6.28	부산교육회 사적조사회	
1934.6.27	부산교육회 임원결정	
1934.9.20	부산교육회 선철사적 방문	23일 부산을 출발 조후 하기 야마구치 등으로
1934.9.21	부산교육회	미시마고등실업여학교에서
1934.9.22	부산교육회 총회	22일 미시마고등실업여학교에서
1935.11.8	경상남도교육회총회	공로자를 표창 7일 소학교에서
1935.11.27	부산교육회 탁구대회	
1936.1.1	경남교육회 이세 신궁 참배	
1936.6.18	부산교육회 총회 17일 미시마고등여학교에서	교육 공로자 표창하다
1936.11.20	부산교육회의 기타규슈 사적	명승지 견학여행 21일 밤 부산출항
1937.4.25	부산교육회 창립 30주년 기념행사	4일 미시마 고등여자학교에서 협의 위원회를 설치하고 구체화
1937.4.25	부산교육회 평의원회	24일 미시마고등여학교에서
1937.4.18	부산교육회 서무부회	
1937.12.26	경상남도교육회 강습회	26일부터 3일간 부산고등소학교에서 거행하다
1939.11.2	경상남도교육회 강습회	17, 18일 양일 검도대회도 개최
1940.1.11	부산교육회	13일 총회
1940.2.12	부산교육회 표창자	

차례

책머리에 3

제1장 조선교육

01 조선인 교육 학교 31
1916년 7년 22월 5967호 91면 7단

02 조선의 교육에 관하여 32
1916년 8월 20일 91면 4단

03 조선의 교육 상태 35
1917년 10월 21일 6400호 1면 3단

04 부산 교육가에게 38
1917년 10월 25일 6404호 1면 1단

05 조선의 교육사업 41
1923년 6월 30일 8151호 2면 3단

06 조선인과 교육 43
1923년 8월 23일 8196호 1면 1단

07 경상남도 조선인 교육 46
1925년 5월 9일 8710호 2면 3단

08 조선의 교육계 48
1926년 1월 1일 8933호 1면 2단

09 조선의 교육비도 일본과 같이 국고에 요구하자 51
1927년 2월 17일 9328호 3면 7단

10 조선교육 향상을 위한 교육대회 이바지 53
1929년 10월 6일 10261호 3면 6단

11 〈사설〉 총리의 교육관(상) 55
1933년 8월 27일 1면

12 조선여성의 교육 보급 계획 59
1933년 11월 2일 11696호 1면 2단

13 〈사설〉 교육제도의 개혁 62
1934년 5월 9일 1면

14 조선 전역에서 처음으로 교육주간을 설정하다 66
1937년 10월 7일 13112호 2면 7단

15 정부의 양해를 얻어 조선교육 대개혁 68
1937년 12월 23일 13189호 2면 1단

16 조선 교육주간 70
1939년 10월 25일 13847호 2면 10단

제2장 식민지 교육

01 식민지 교육에 대하여(1) 73
1915년 3월 26일 5526호 93면 5단

02 식민지 교육에 대하여(2) 75
1915년 3월 27일 5527호 91면 1단

03 식민지 교육에 대하여(3) 77
1915년 3월 28일 5528호 91면 1단

04 식민지의 교육행정 79
1917년 10월 3일 6383호 1면 3단

05 식민지의 교육을 보고 81
1917년 10월 12일 6392호 91면 4단

제3장 여성교육

01 여성교육의 변혁 85
1920년 4월 6일 7248호 1면 2단

02 조선의 여성교육에 대하여 87
1921년 4월 15일 7482호 1면 2단

03 여성교육을 위하여 부산고등여학교의 확장은 이러한 이유로 필요 89
1923년 7월 6일 8156호 2면 7단

04 여성교육과 성인처녀 91
1926년 9월 7일 9170호 1면 3단

05 여학교 교육의 결함 93
1929년 2월 3일 1면 2단

06 여성교육의 개선 95
1929년 5월 12일 10116호 1면 3단

07 여성교육 개선책을 협의 96
1929년 5월 16일 10120호 2면 4단

08 여성교육 개선(1) 97
1929년 5월 25일 10129호 1면 1단

09 여성교육 개선(2) 99
1929년 5월 26일 10130호 1면 1단

10 여성교육 개선(3) 101
1929년 5월 27일 10131호 1면 1단

11 여성교육의 개선 103
1930년 11월 12일 10648호 1면 2단

12 여성교육의 개선, 획기적 계획을 시행하다 105
1935년 1월 3일 12113호 3면 3단

13 〈사설〉 여성교육의 검토 107
1936년 3월 1일 12531호 1면 1단

제4장 실업교육

01 실업교육 조사 113
1918년 4월 21일 6572호 93면 6단

02 조선의 실업보습교육 상황 114
1924년 5월 20일 5415호 2면 3단

03 조선인 자제의 실업교육 116
1926년 11월 22일 9247호 2면 1단

04 실과교육 117
1929년 7월 14일 10179호 2면 5단

05 실업교육에 우선 힘을 쏟아라 119
1929년 11월 22일 10306호 1면 1단

06 실업교육 121
1929년 11월 28일 10311호 1면 1단

07 직업교육의 진흥 123
1930년 12월 5일 10670호 1면 2단

08 실과교육진흥 동계 공업강습회 125
1930년 12월 7일 10672호 2면 7단

09 경상남도 실과교육 126
1931년 2월 20일 10741호 3면 6단

10 실업보습교육 그 지방화에 관하여 127
1931년 11월 2일 10991호 1면 1단

11 실업교육에 정신 훈육을 강조 129
1934년 5월 4일 11870호 2면 3단

12 실업교육 50주년 131
1934년 8월 20일 11978호 2면 1단

13 〈사설〉 실업교육 25년 132
1934년 10월 28일 12047호 1면 1단

제5장 농업교육

01 경남농업교육 쇄신협의회 139
1930년 9월 11일 10588호 2면

02 세 학교 교장을 초대 농업교육의 쇄신 140
1930년 9월 13일 10590호 2면

제6장 과학교육

01 체육교육 과학 제2회 연구회 145
1930년 10월 17일 10624호 1면

02 기술적 교육과 과학 장려에 대해 147
1931년 1월 13일 10704호 1면

03 과학교육과 간이 과학박물관 149
1931년 11월 17일 11005호 1면

제7장 사범교육

01 여자사범학교의 이채, 경성 아가씨 졸업 153
1917년 7월 15일 6307호 92면

02 사범교육 개선회의 155
1927년 6월 3일 9431호 2면

03 사범교육 개선과 실업교육 진흥 156
1927년 6월 28일 9456호 2면 5단

04 진주사범의 개선 교육의 보급 내용 충실 158
1928년 2월 24일 9689호 2면 3단

05 결국 내년도부터 진주사범 폐지내정 161
1929년 1월 29일 10017호 3면

06 고등사범학교의 승격과 정신교육의 진흥 163
1929년 6월 29일 10164호 1면

07 도덕교육주의에 사범교육 개선 165
1929년 7월 29일 10194호 2면

08 철저하지 않은 사범교육의 개선 167
1930년 11월 3일 10640호 1면

09 사범교육 개선 원안대로 가결하는가 169
1930년 12월 14일 10679호 2면

10 사범교육 개선 171
1930년 12월 17일 10682호 2면 4단

11 사범교육 문제 173
1930년 12월 25일 10690호 1면

12 교육의 개혁과 여고등사범학교의 존폐 문제 175
1931년 9월 3일 10933호 1면

13 학제 대개혁 우선 사범교육 쇄신 177
1933년 11월 14일 11707호 1면

14 사범교육 개선안 다시 검토하다 178
1934년 7월 31일 11958호 2면 1단

15 사범교육 개선 조사회 179
1934년 8월 14일 11972호 2면 3단

제8장 유아교육

01 교육과에서는 '유아교육'을 한다 183
1923년 5월 9일 8106호 3면

02 유아교육을 위해 유치원 설립 185
1926년 2월 18일 8977호 3면

03 <사설> 유아교육의 중점 186
1933년 4월 25일 11508호 1면

제9장 군사교육

01 조선과 군사교육 191
1925년 6월 4일 8732호 2면 4단

02 군사교육은 조선에도 머지않아 실시 193
1925년 6월 20일 8747호 3면 5단

03 조선 학교에 군사교육을 실시 194
1925년 7월 7일 8764호 3면 4단

04 조선 군사교육 내년 봄부터 실시 196
1925년 8월 8일 8795호 2면 2단

05 조선 군사교육 197
1925년 9월 6일 8823호 2면 4단

06 주저하던 조선의 군사교육 199
1925년 10월 13일 8859호 2면 1단

07 군사교육을 받는 부산의 중학생 201
1925년 10월 19일 8864호 1면 6단

08 연합평의회는 '군사교육'이 주제인가 202
1926년 2월 2일 8962호 2면 1단

09 금년도부터 실시하는 중등학교의 군사교육 204
1926년 3월 18일 9005호 2면 1단

10 조선 전역 중등학교 군사교육 실시 206
1926년 4월 17일 9033호 2면 1단

11 제1회 조사의 학교 군사교육 208
1926년 11월 13일 9238호 3면 3단

12 조선의 특수사정으로 군사교육의 사회화 210
1929년 8월 15일 10211호 2면 3단

13 부산 제2상업학교 생도 군사교육 212
1933년 11월 5일 11698호 3면 3단

14 〈사설〉 군사교육의 보급 213
1934년 6월 19일 11916호 1면 1단

15 조선인 자제 군사교육을 실시 217
1934년 6월 27일 11924호 2면 5단

16 조선인 자제에게 군사교육을 실시하다 219
1934년 7월 21일 11948호 2면 5단

第10장 도덕교육

01 도덕교육 강조 223
1936년 1월 29일 12499호 2면 6단

02 도덕교육의 확립과 국체명징國體明徵의 철저화 224
1936년 2월 1일 12502호 3면 4단

03 도덕교육 강습회 227
1936년 2월 6일 12507호 2면 7단

第11장 공업교육

01 공업교육조사 231
1916년 8월 9일 5985호 94면 5단

02 공업보습교육 부산부 당국의 방침 232
1923년 4월 5일 8078호 2면 4단

03 생각지도 못한 부산공업보습 폐지 233
1927년 2월 26일 9337호 3면 3단

04 공업교육 충실의 급선무 235
1928년 1월 12일 9647호 2면 3단

05 공업교육의 충실 조선 전역 각지에 공업학교 237
1936년 6월 2일 12624호 3면 4단

06 〈경제만어〉 공업학교의 설립 239
1937년 12월 7일 13173호 5면 5단

07 공업교육의 확충 241
1939년 4월 22일 13662호 1면 2단

제12장 부산경남교육회

01 부산교육회 총회 245
1921년 4월 15일 7482호 2면 6단

02 경남교육총회 246
1925년 10월 15일 8861호 2면 6단

03 부산교육회의 개항기념사업 248
1926년 1월 20일 8949호 2면 7단

04 경상남도교육총회 250
1929년 9월 21일 10248호 2면 6단

05 부산교육회 사회부회 252
1933년 8월 16일 11620호 2면 8단

06 부산교육회 사적조사회 253
1934년 6월 28일 11925호 2면 7단

07 경상남도교육총회 254
1934년 10월 25일 12044호 3면 1단

08 부산교육회 창립 30주년 기념행사 257
1937년 4월 25일 12947호 2면 4단

09 경상남도교육회 강습회 259
1937년 12월 26일 13192호 2면 5단

조선교육

1

01

조선인 교육 학교

1916년 7년 22월 5967호 91면 7단

총독부 조사에 의하면 6월 말 현재 조선인 교육 사립학교수는 경기 162교, 충북 21교, 충남 26교, 전북 22교, 전남 16교, 경북 43교, 경남 55교, 황해 74교, 평남 200교, 평북 199교, 강원 35교, 함남 162교, 함북 47교 합계 1062교이며, 올해 1월 이후 폐지되는 학교 수는 경기 14교, 충남 4교, 전북 3교, 경남 2교, 황해 1교, 평남 16교, 평북 18교, 함남 9교, 함북 2교 합계 75교이며, 충북, 전남, 황해, 강원의 4도는 폐지되는 학교가 없음.

●鮮人教育學校

總督府調査に依れば六月末現在朝鮮人敎育私立學校數は京畿百六十二校忠北二十一校忠南二十六校全北二十二校全南十六校慶北四十三校慶南五十五校黃海七十四校平南二百校平北百九十九校江原三十五校咸南百六十二校咸北四十七校計一千六十二校にして本年一月以降廢止校數は京畿十四校忠南四校全北三校慶北六校慶南二校黃海一校平南十六校平北十八校咸南九校咸北二校計七十五校にして忠北全南黃海江原の四道は廢止校無

02

조선의 교육에 대하여

귀족원의원 이사와 슈지伊澤修二 씨

1916년 8월 20일 91면 4단

이번 봄 이 지역을 거쳐가는 이사와 씨가 최근 본 사원에게 보내온 서신의 한 구절에서 말하기를 만주에서 돌아오는 길에 조선의 시찰을 시도했었는데, 여기에는 저는 특별한 목적을 가지고 있었다. 즉 조선어와 일본어와의 관계, 그것도 삼한 이전의 말과 일본의 이즈모 부근을 중심으로 이야기했다.

△우라니혼裏日本 말과의 관계를 해결하려는 마음이었다. 그 때문에 그 방면의 관찰을 할 필요가 있어서 계속해서 시골까지도 가 보았다. 따라서 학교를 시찰할 기간이 없어져 학사에 대해서는 충분히 관찰을 할 수가 없었다. 그러나 조선의 학교교육은 대단히 발전해 있다고 말해도 좋을 것이다. 조선 아동의 학업 성취도 상당히 빠르다. 일본어 등도 능숙히 빠르게 익히고 있다.

△학교 성적 등도 매우 훌륭한 한 소학교의 평범한 3학년 아동 박갑길의 '우리들의 교실'이라는 작문을 봤는데, 내지 일본內地日本 학교의 우량한 아동 성적과 비교해도 우수하며 결코 뒤떨어지지는 않는다. 이렇게 조선의 학교교육 성적이 오르고 있는데 큰 이유가 있다고 여겨지는 첫 번째는 제도가 좋기 때문일 것이다. 타이완 등의 선례도 있었기도 하고 또 데라우치 총독이 특히 교육상에 대해서 뜻을 펼쳤다는 것과 관련도 있을 것이다.

△교사에는 경험이 있는 노련한 교사가 많이 채용되고 있다. 이 점은 조

선의 행복이다. 두 번째는 조선의 아동이 태어날 때부터 영리하다는 것이다. 실제 조선의 아동은 영리하다. 어떤 이는 조선 아동이 영리한 것은 잠깐 소년시절뿐이기 때문에 믿을 수 없다는 평이다. 그러나 종래 조선 아동의 재능이 청년시절에 이르러 퇴보하는 것은 조혼 때문이라고 한다면 그것은

△조혼의 폐풍을 바로 잡는 것에 의해 막아 낼 수 있을 것이다. 따라서 그들이 영리한 것은 매우 유망하다. 그들은 일반적으로 숫자가 서투르다고 들었는데 반드시 그렇다고는 할 수 없다. 만약 그런 경향이 어느 정도 있다하더라도 그것은 종래 그런 사람을 전혀 만날 수 없었기 때문이라는 것에 지나지 않는다. 특히 그들의 어학 재능은 대단한 것으로 이 점에 있어서는 그들은 눈부시게 진보하고 있다. 단순히 조선의 아동만이 아니라 조선의 어른도 또한 이 점에 대단한 재능을 나타내고 있다. 어쨌든 조선인은 상당히 영리하고 장래 충분히 발전할 것이라고 생각된다. 이것은 그들에게 있어서도 또한 우리에게 있어서도 매우 행복한 일이다. 운운

朝鮮の教育に就て

今春當地を通過したる貴族院議員伊澤修二氏は最近本社員に寄せられたる書信の一節に曰く

滿洲の歸途朝鮮の視察を試みたのであるが此所では自分は特別の目的を持つてゐた即ち朝鮮語と日本語との關係、それも三韓以前の言葉と日本の雲州邊を中心にした

△裏日本の言葉　その關係を解決しようといふ心算であつた、それの爲にその方面の觀察をする必要上ずつと田舍へまでも出懸け見たが從つて學校を視察する期間がなくなつて學事に就ては十分の觀察をすることが出來なかつた、然し朝鮮の學校教育は非常に進んで居ると言つて宜からう朝鮮の兒童の進歩もなか〳〵早い、日本語なども能く早く覺へるし

△學校の成績等　もなか〳〵立派なものである一小學校の尋常三學年兒童朴甲吉と云ふが我共の教室と云ふ作文を見たが內地の學校の優良な兒童の成績に比べて優るとも決して劣ることはあるまい斯く朝鮮の學校教育の成績が擧つて居るのに多くの理由があると思はれるが第一には制度がいゝのであらう臺灣などの先例もあつたことであるし又寺內總督が特に教育上に意を拂はれたといふやうな關係もあらう

△教師には經驗　のある老練家が多く用ひられて居る此の點は朝鮮の幸福である、第二は朝鮮の兒童が生れ附き賢いといふことであらう、實際朝鮮の兒童は賢い或者は朝鮮の兒童の賢いのは僅かに少年時代だけであるから當てにならないといふ風に評するが然し從來朝鮮の兒童の才能が青年時代に至つて退歩したのは早婚の爲であるといふことで果してさうであるとするならばそれは

△早婚の弊風を　矯めることに依つて防遏することが出來よう從つて彼等の賢いのは甚だ有望である彼等は概して數學が不得手であるやうに聞ひて居たが必ずしもさうは言はれない唯さういふ傾向が幾らかあつたにしてもそれは從來そういふのに全く出會はなかつたからといふに過ぎまい殊に彼等の語學の才能は非常なもので此の點に於ては彼等は目醒ましい進歩をしてゐる單に朝鮮の兒童ばかりでなく朝鮮の大人も亦此の點に非常な才能を現して居る兎に角朝鮮人はなか〳〵悧巧で將來十分に發展するであらうと思はれるてれは彼等にとつても又吾々にとつても甚だ仕合せなことである云々

03

조선의 교육 상태

한바라幣原 문학박사 담화

1917년 10월 21일 6400호 1면 3단

조선은 1906년메이지 39년 이래의 시찰로, 눈에 띄는 풍물이 모두 격변하여 놀랍다. 교통이며 교육 그 외 시설이 모두 격세지감이다. 한마디로 폐하의 위세가 그렇게 만드는 것이며, 황제의 옥화가 방방곡곡에 미치는 것은 국민의 자각과 당국의 노력에 의한 것이다.

조선에 있어서 교육의 발달은 국민의 성공이면서 오늘날과 같이 교육이 진보한 것은 여러 가지 원인이 있을 것이다. 요컨대 일본인이 조선인을 동일 국민으로 취급한 결과라 할 수 있다. 다른 나라에서는 식민지 통치가 어려워서 교육 등 완전함을 기하기 어렵다. 이것은 모국인과 토착민을 구별하여 동일한 국민으로 취급하지 않았기 때문이다. 예를 들면 열차와 같은 것을 모국민이 타는 차량과 토착민의 차량을 구분하여 토착민용 열차 등을 만들어 토착민에게 그 열차 이외에는 승차하지 못하게 하는 등 명백히 모국민과 식민지 토착민을 구별한 것으로 토착민은 하등한 사람, 모국인과 동일 자격이 없는 자로 분명하게 차별하는 것도 있다. 조선에서는 이러한 차별이 전혀 없이 조선인이라 하여도 일본 내지인과 마찬가지로 1등차도 2등차도 기탄없이 승차 할 수 있다. 이 한 가지가 만사에 이르러 조선인은 일본 내지인과 동일 국민이라는 관념을 조선 사람에게 깨우치게 한 결과, 교육 등 기타 모든 것에서 현저한 효과를 내게 되었다고 생각한다.

그 때문인지 어떤지 조선인은 총독정치가 잘 되고 있는 것에 감사하며 폐하의 자비에 감읍하고 있다. 내가 본 바로는 오늘날 조선인은 병합으로 나의 고향을 일본에 빼앗겼다고 하지 않고 일본 국민이 되었다. 일등국에 동참할 수 있는 것을 감사하고 행복이라 믿는 경향이 있다. 이것은 무엇보다 만족스러운 것으로 10년 전의 상태와 현재를 비교해 이렇게까지 급속히 모든 것이 좋게 변화한 것은 전혀 예상치 못한 부분이다. 1906년경 조선인에게 일본어를 배워라는 훈령을 발하여 최선을 다하여 자국어일본어 연구를 강화한 것이 오늘날의 조선인은 적극적으로 일본어를 사용한다. 보통학교 생도처럼 일본의 창가는 물론 모두 일본어를 사용하여 이를 가르치는 조선의 교사도 일본어로 하는 등 실로 유쾌하지 않을 수 없다. 특히 내가 감동한 것은 여자교육의 발달로 조선 여자는 가정에서 나오는 것을 꺼려하여 취학하게 하는 것도 상당히 수고스러웠지만, 오늘날은 여자가 스스로 학교에 가서 문명 교육을 받는 등 10년 전과 대단한 차이를 보인다.

총독부의 교육이 외국인이 조선에서 행하는 교육에 못 미친다고 하는 것은 아직 일본의 교육에 대해서 연구하지 않고 말하는 것으로 아마도 외국인 경영의 학교는 그 외관에서 일본의 것보다 우수하다 하여도 그 내용 및 교사의 노력과 열심히 하는 열정은 외인이 도저히 따라올 수 없다고 단언하기에 주저하지 않는다. 저희 교사는 아동교육과 함께 학교를 중심으로 사회적 감화를 주는 것에 전력을 다하고 있다. 비근한 예로 조선의 보통학교에는 학교 내에 욕실을 설치해 아동을 입욕시키고 있다. 학부형은 이를 듣고 매우 기뻐하며 아동뿐만 아니라 우리도 목욕하고 싶다고 학교에 가족이 모여들어 하나의 마을정도가 밀어닥쳐 교대로 입욕하는 등 학교가 일상생활에서도 중심이 되고 있는 점 등은 다른 외국인 학교에 비해 뛰어난 부분이라 믿는다. 이미 학교가 중심이 되고 있는 관계상 학부형이 갖는 학교에 대한 생각은 매우 양호하다. 요전 날 저는 어느 보통학교를 시찰하고 그 학교 앞에 웅장하게 솟아있는 석문을 신기하게 여겨 교원에게 물어 봤더니 이는 아동의 학부형이 학교에 감사의 성의를 표하기 위해 학교에는 비밀로 하고 학부형들이 의논을 한 뒤 세운 것이라고 한다. 학교와 가족과의 관계에 있어서는 이런 점에서 조선 쪽이 내지 일본보다 어느 정도는 훌륭하다고 생각한다.

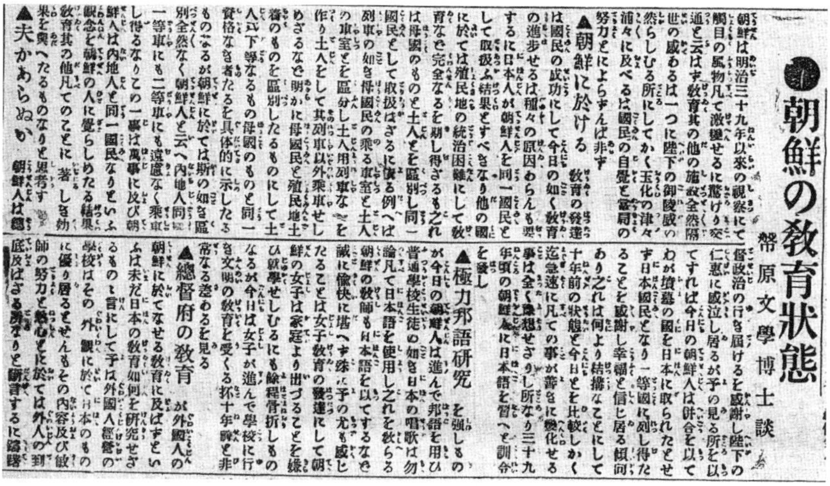

朝鮮の教育狀態

幣原文學博士談

朝鮮は明治三十九年以來の視察にて觸目の風物凡て激變せるに驚けり交通と云はず教育其の他の施政全然隔世の感あるは一つに陛下の御陵威の然らしむる所にしてかく玉化の津々浦々に及べるは國民の自覺と當局の努力とによらずんば非ず

▲朝鮮に於ける　教育の發達は國民の成功にして今日の如く教育の進歩せるは種々の原因あらんも要するに日本人が朝鮮人を同一國民として取扱ふ結果とすべきなり他の國に於ては殖民地の統治困難にして教育など完全なるを期し得ざるも之れは母國のものと土人とを區別し同一國民として取扱はざるに胚る例へば列車の如き母國民の乘る車室と土人の車室とを區分し土人用列車なるを作り土人をして其列車以外乘車せしめざるなど明かに母國民と殖民地土着のものを區別したるものにして土人或下等なるもの母國のものと同一資格なき者たるを具体的に示したるものなるが朝鮮に於ては斯の如き區別全然なく朝鮮人と云へ內地人同樣一等車にも二等車にも遠慮なく乘車し得るなりこの一事は萬事に及び朝鮮人は內地人と同一國民なりといふ觀念を朝鮮の人に覺らしめたる結果教育其の他凡てのことに著しき効果を與へたるものなりと思考す

▲夫かあらぬか　朝鮮人は總督政治の行き屆けるを感謝し陛下の仁惠に感泣し居るが予の見る所を以てすれば今日の朝鮮人は併合を以てわが墳墓の國を日本に取られたとせず日本國民となり一等國に列し得たることを感謝し幸福と信じ居る傾向あり之れは何より結構なことにして十年前の狀態と今日とを比較しかく迄急速に凡ての事が善きに變化せる事は全く豫想せざりし所なり三十九年頃の朝鮮人に日本語を習へと訓令を發し

▲極力邦語研究　を強ひしものが今日の朝鮮人は進んで邦語を用ひ普通學校生徒の如き日本の唱歌は勿論凡て日本語を使用し之れを欲らる朝鮮の教師も日本語を以てするなど誠に愉快に堪へず殊に予の尤も感じたることは女子教育の發達にして朝鮮の女子は家庭より出づることを嫌ひ就學せしむるにも餘程骨折しものなるが今日は女子が進んで學校に行き文明の教育を受くる抔十年前と非常なる差あるを見る

▲總督府の教育　が外國人の朝鮮に於てなせる教育に及ばずといふは未だ日本の教育如何を研究せざるものゝ言にして予は外國人經營の學校はその外觀に於て日本のものに優り居るとせんもその內容及び教師の努力と熱心とに於ては外人の到底及ばざる所なりと斷言するに躊躇

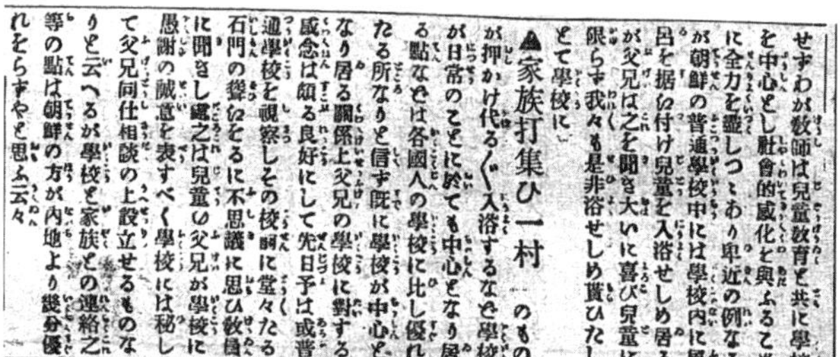

せずわが教師は兒童教育と共に學校を中心とし社會的感化を與ふることに全力を盡しつゝあり卑近の例なるが朝鮮の普通學校中には學校內に風呂を据ゑ付け兒童を入浴せしめ居るが父兄は之を聞き大いに喜び兒童に限らず我々も是非浴せしめ貰ひたしとて學校に

▲家族打集ひ一村　のものが押かけ代る〴〵入浴するなど學校が日常のことに於ても中心となり居る點などは各國人の學校に比し優れたる所なりと信ず既に學校が中心となり居る關係上父兄の學校に對する感念は頗る良好にして先日予は或普通學校を視察しその校門に堂々たる石門の聳ゆるに不思議に思ひ教員に聞きし處之は兒童の父兄が學校に感謝の誠意を表すべく學校には秘して父兄同仕相談の上設立せるものなりと云へるが學校と家族との連絡之等の點は朝鮮の方が內地より幾分優れをらずやと思ふ云々

04

부산 교육가에게

1917년 10월 25일 6404호 1면 1단

언어의 통일과 교정

밭 가는 일은 농부에게 물어야 하고 베 짜는 일은 부녀자에게 물어야 하며 목수, 석공도 각각 전문 기능이 있는 것이다. 하물며 교육의 범위에 속하는 일은 교육가의 영역으로 우리와 같은 문외한이 감히 논할 바는 아니니다. 그러므로 우리가 여기에 '부산 교육가에게'라는 제목으로 한마디 하는 것에 대해, 어쩌면 교육가는 무슨 얘기를 하느냐고 차가운 눈초리로 쳐다볼 것이다. 그렇지만 교육이라는 일은 교육가만의 책임이 아니라 우리도 또한 가정 교육상, 사회 교육상 일부분의 책임을 나누어 맡아야 하므로 우리가 느끼는 점을 발표하여 비평을 구하는 것은 쓸데없는 일은 아니라고 믿는다.

원래 언어의 통일은 일국의 결합을 공고히 하는 데에 필요하다. 한 나라 안에서 국민 언어가 달라 상통하지 못하는 것은 결코 결합을 굳건히 하는 길이 아니다. 그렇기 때문에 언어의 통일, 지방어의 개량, 교정 등에 관해 일찍부터 교육가들 사이에서 떠들썩하게 논의 되고 있다는 것을 알아야 한다. 어쩌면 우리 부산에서도 교육가는 이런 점에는 충분한 고찰과 연구를 수행하여, 점차로 교정, 개량, 통일의 방도로 향하고 있다 할지라도, 우리가 바라는 바는 끝이 없어서 앞으로도 더 한층 노력해 줄 것을 바라고 있다. 원래 부산은 비교적 사회가 잘 정돈되어 있는 상태라 할지라도 정착하여 수천 년의 역사를 가진 우리 내지 일본 각 현의 집합 단체와 일개 지방민의 집단과는 같을 수는 없다. 다 같이 바다를 매립한 곳이든 신이주지든 각 현 출신의 집합 지역이든 아직 여전히 개척지적인 분위기를 벗어나지 못한다.

이 때문에 부산의 언어는 극히 복잡하며 구구하게 세분화된 형태로, 도쿄, 야마구치, 오사카, 후쿠오카, 사가, 구마모토 말도 있고 또한 부산에서 만들어진 일종의 언어도 있어서 시험 삼아 8, 9세 전후의 남녀를 모아 그들끼리 말하는 것을 들으니 얼마나 잡다한 언어를 사용하고 있는지, 게다가 그 언어는 우아하기보다는 야비한 것이 많아 매우 천박한 말이 세력을 키웠다. 물론 학교에서 연설이나 회화를 할 때에는 부산에서 만들어진 말이나 지방 특유의 사투리가 나오는 경우는 적지만 학교에서 한 걸음만 벗어나서 그들 남녀끼리의 대화를 주고받는 데 이르러서는 매우 복잡, 방만, 야비하며, 조금이라도 명석하고 우아함과 같은 존경할 가치가 있는 것도 적으며, 장유유서에 따라 경어를 사용하는 경우 대부분 사용할 말을 모르는 것처럼 매우 무리하고 버릇없게 사용하는 경향이 있다. 적어도 그 언사가 완곡하고 우아하면 자연스럽게 인격 품위의 고상함도 나타나며, 나아가서는 한 사회 및 일국의 품위에도 관련이 있는 것이다. 요컨대 언어의 통일, 야비한 언어의 개량, 교정은 일국의 통일, 결합, 향상에 있어 가장 필요한 것이고 이 작은 부산의 문제에는 말할 것도 없다. 특히 우리 부산처럼 이것의 개량, 교정, 통일의 필요를 느끼는 사람이 많음을 깨닫게 된다. 물론 우리 부산 교육가들이 이미 이것에 대한 지도 교화를 게을리 하지 않는다고 해도 요즘 시중에서 남녀 8, 9세 전후의 많은 어린이가 사용하고 있는 언어는 복잡, 제각각이며 아무런 통일도 없고 대체로 우아함이 결여된 경향이 있는 언어의 세력이 매우 큰 것 같다. 우리는 부산 교육가에게 본 건에 관하여 주의와 대책을 재촉하지 않을 수 없다.

朝鮮時報

釜山教育家へ

▼言語の統一と矯正▲

耕は奴に問ふべく織は婢に問ふべし大工、石工各々専門の技能あるものなり況や教育上範圍内の事は教育家の縄張りにして吾人門外漢の敢て論議すべき畑にあらず随つて吾人が爰に「釜山教育家へ」と題して一言を試みるに就ては或は何事をか語るぞ教育家は冷眼に附し去るべし然れども教育の事、獨り教育家の責任にあらず吾人も亦家庭教育上、社會教育上一半の責を分つべき責を荷ふものなるが故に吾人の成する所は之を發表して批評を求るは又以て無用の業にあらずと信ず

抑も言語の統一は一國の結合を鞏固にする上に於て必要なり一國の間國民言語を異にして相通ぜざるが如きは決して結合を固ふするの道にあらず此の故に言語の統一、地方言の改良、矯正等に就ては夙に教育家の間に論議喧しき所なりと知らざる可らず蓋し我釜山に於ても教育家は道較の點には充分なる考査研究を遂げ之が使用の語を知らざるものゝ如く極めて無理に極めて無作法に使用せらるゝの風あり苟くも其言辭の婉曲にして優雅なるに於ては自然に人格品位の高尚をも意味し延ては一社會及び一國の品位にも關すべきものなり之を要するに言語の統一、野卑なる言語の改良、矯正は一國の統一、結合、向上の上にも尤も必要なり固より一小釜山の問題にあらざるなり殊に我釜山の如きは尤も之が改良、矯正、統一の必要を感ずるもの多きを覺ゆるなり勿論我釜山教育家に於ては既に之に對しての指導教化を怠らざるべしと雖ども昨今市中に於ける男女八九歳前後の多數者が使用しつゝある言語は複雜、區々として何等の統一なく又概ね優雅を欠くの嫌ひあるの言語頗る勢力ある者に似たり吾人は釜山教育家の本件に關するの注意と施設を促さざるを得ず

准尉俸給規定

十六日官報、勅令第百七十八號を以て陸軍給與令中改正の件を公布せられ今回定められたる准尉俸給を一等六百八十四圓、二等六百十二圓と定め猶は特務曹長より准尉に又は准尉より少尉若しくは中尉に任ぜらるゝものにして其新に受くべき俸給額が從前より減少する時は從前の額を給することに定められたり

順次に矯正、改良、統一の方途に向はしめつゝあるべしと雖ども吾人希望の飽くなき今一段の努力をと言ふの志因なき能はず元來釜山は比較的社會組織の狀ありと雖も我内地各縣の集合團體にして定着的數千年の歴史と一地方民の集團に成れる所には固からず均しく海外の發展地なり新移住地なり各縣集合の天地なり未だ依然として新開地的の氣分を脱せず之が爲めに釜山の言語は極めて複雜なり極めて區々細分の形ちあり或は東京あり或は山口あり或は大阪あり或は福岡あり或は佐賀あり或は熊本あり又更らに釜山にて製造せられたる一種の言語あり試みに八九歳前後の男女を集めて彼等自体の會話に聽け如何に雜多の言語を使用しつゝあるものぞ、剰さへ其言語は優雅なるものよりは野卑なるものに多く如何にも下品のものに勢力を占む、勿論學校に於て演説と云ひ會話と言ふの時に於ては釜山製造の言語、地方々々特有の訛言も出ることの少かるべきも學校一歩彼等男女自体の會話範圍に至つては極めて複雜、放漫、野卑にして毫も優雅、明晰と言ふが如き尊敬の價値あるもの少く長幼の序に依り敬語を使用する場合殆んど

浦塩の最近狀

本月十一日再び興りたる當地の東清鐵道及び埠頭勞働者の同盟罷工は今猶解決するに至らず勞働者側の主張する所に依れば我等は一般商人の日用品値上を甘受する能はず故にパン砂糖の如き日用品を我等の現行賃銀と側定せる本年五月の價格を以て販賣せしめよ若し然らずんば營利の目的を以て輸入する個人貨物の取扱を爲さず但し軍需品及び御用品鐵道材料等の如きものに就ては之れを拒まずと東清鐵道商業部其他は一先ず五留を八留に値上げするを承諾せしが從來の布廢制に依るときは一日十五乃至二十留の收入あるを以て彼等勞働者は之れを以て甘ずべくもあらず彼等の要求する所は布廢制を倍額にせしめんと欲せるが如し目下商港内には平安丸鳳山丸等の入にして其他碇泊するものなく勞兵會は屢々協議會を開き若し勞働者就業せざれば兵士を操出し働役せしめと揚し居れども未だ解決を見る能は

05

조선의 교육사업

내년도 학무국의 방침

1923년 6월 30일 8151호 2면 3단

총독부에서도 교육에 대해서는 특히 주의를 기울이고 있다. 3면面 1교校주의 같은 것도 전년도에 전부 완성을 전하게 되었고, 올해부터는 1면 1교라는 이상에 다가갈 예정으로 지방의 실정에 맞는 교육을 보급하기 위해 착착 나아가고 있다. 한편 중등교육의 설치에 관해서도 필요에 따라 지방의 실정에 맞추어 점진적으로 설립을 실시하고 있다. 또한, 금년도부터 대학 예과를 청량리에 만들게 되었다. 현재 공사 착수 중으로 내년에 완공되면 이과 문과 각 160명씩 즉 320명의 예과생을 수용하게 된다. 그리고 내년도 예산 중에는 조선 대학 설립에 관한 새로운 예산도 계상하지 않으면 안 되기에, 학무국으로서는 필시 계속사업으로 하는 것 이외에 새로이 이렇다 할 정도의 사업은 할 수 없을 것이라 생각한다. 현재 민간 여론으로 되어 있는 학교 조합비 부담의 고율에 따른 경감책으로 고등여학교의 관립 이관 문제와 같은 것은 학무국으로서는 지극히 당연한 것으로 생각하지만 지금 이것을 실행하기는 도저히 어려운 사정이다. 지방의 상황과 요구의 정도에 따라 점차 이관 방침을 취하는 듯하고 도의 지방비령도 실제로 중등학교를 설립하는 것 보다 이를 확장해가는 방침인 듯하다. 또 내선공학內鮮共學 장려에 관한 신 계획은 아직 아무런 안도 없는 듯 하지만, 실상에 비추어 공학 아동 수에 따른 학교조합으로의 보조율에 대해서는 특별히 고려할 의향은 있다. 요컨대 학무국의 내년도 예산은 아직 아무런 정리된 원안조차 만들어지지 않았지만 대학문제 이외에는 내놓을 만큼 변한 것은 없으며 계속사업의 수행 정도에 그치는 것으로 추정된다.

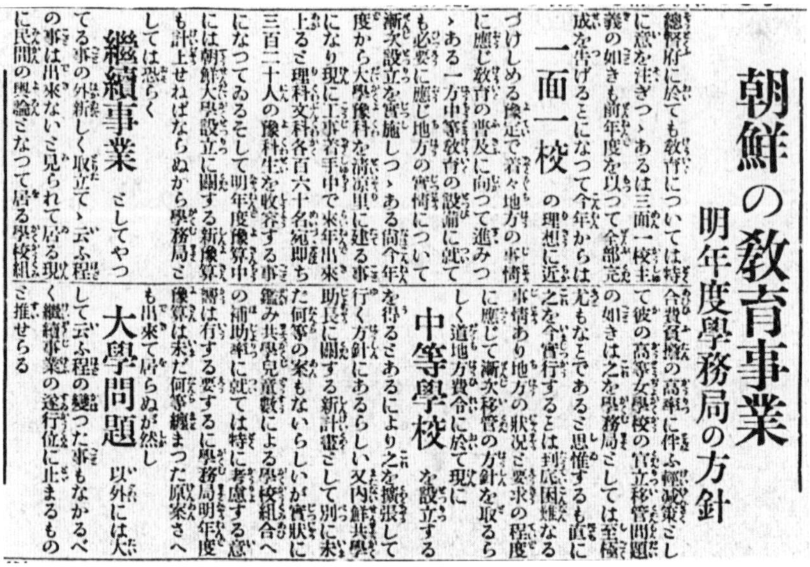

朝鮮の教育事業

明年度學務局の方針

總督府に於ても教育については特に意を注ぎつゝあるは三面一校主義の如きも前年度を以つて全部完成を告げることになつて今年からは

一面一校 の理想に近づけしめる豫定で着々地方の事情に應じ教育の普及に向つて進みつゝある一方中等教育の設備に就ても必要に應じ地方の實情について漸次設立を實施しつゝある尚今年度から大學豫科を清凉里に建る事になり現に工事着手中で來年出來上ると理科文科各百六十名宛卽ち三百二十人の豫科生を收容する事になつてゐるそして明年度豫算中には朝鮮大學設立に關する新豫算も計上せねばならぬから學務局としては恐らく

繼續事業 としてやつてる事の外新しく取立てゝ云ふ程の事は出來ないと見られて居る現に民間の輿論となつて居る學校組合費負擔の高率に伴ふ輕減策として彼の高等女學校の官立移管問題の如きは之を學務局としては至極尤もなことであると思惟するも直に之を今實行するとは到底困難なる事情あり地方の狀況と要求の程度に應じて漸次移管の方針を取るらしく道地方費令に於て現に

中等學校 を設立するを得ることあるにより之を擴張して行く方針にあるらしい又內鮮共學助長に關する新計畫として別に未だ何等の案もないらしいが實狀に鑑み共學兒童數による學校組合への補助率に就ては特に考慮する意嚮は有する要するに學務局明年度豫算は未だ何等纏まつた原案さへも出來て居らぬが然し

大學問題 以外には大して云ふ程の變つた事もなかるべく繼續事業の遂行位に止まるものと推せらる

06

조선인과 교육

1923년 8월 23일 8196호 1면 1단

도쿄

법학사 야스다케 도이치로安武東一郎

1.

조선인의 교육에 대해서는 항상 중대한 주의가 필요하다. 왜냐하면 지식은 힘이기 때문이다. 힘은 정당하게 쓰면 문화를 건설하지만 나쁘게 쓰면 이를 파괴한다. 조선을 병합하여 조선인 — 수백 년 동안 폭정에 괴로워했던 민족 — 에 도덕 및 풍요로운 경제발전을 부여한 일본이 오히려 그 때문에 심한 불이익을 당하는 것은 절대로 저지하지 않으면 안 되는 일이다.

2.

조선 통치가 무단정치에서 문화정책으로 옮겨간 것은 하나의 진보이다. 힘은 국가 존립의 근본적 요소이며 힘이 없는 곳에 국가는 존재하지 않지만(원칙적으로) 힘에만 의한, 이른바 무력적 통일은 결코 영구적이지 않다. 그것이 영구적이 되려면 힘에 더하여 도덕 및 경제상의 요소가 더해지지 않으면 안 된다. 하지만 정치는 결코 감정적이어서는 안 된다. 오류를 일으켜 천박한 사랑 혹은 모두 평등하다고 해서 유해한 조선인을 선량한 조선인과 마찬가지의 자유나 권리를 인정하는 것은 잘못이다. 일본에게 충성하는 마음 없이 오히려 반역에 뜻이 있는 조선인에게 훗날 국가의 중견이 되어 일본을 발전시켜야 할 선량한 국민과 똑같은 교육을 시행해서는 안 된다. 실로 조선인이 사람으로서 도덕 및 경제의 완성과 충실을 이루려고 바란다면 먼저 국가에 충성을 다하는 신념이 근본적인 의무로 요구된다는 것은 영원불변하게 전세계에 타당한 원칙이다. 만약 그들이 우리 국가에 충성의 의무를 다하는 것을 받아들이지 않는다면 사람으로서의 도덕 및 경제상의 완성과 충만함을 누릴 권리는 인정하지 않아야 하는 것이다. 이는 조선인만이 아니라 일본인에게도 마찬가지다.

3.

일본인과 조선인과의 역사적 과정의 차이는 국가에 대한 의무의 신념상 중대한 차이를 남겼다. 조선인 교육의 근본은 그 실질에 있어 어떻게 하여 우리 국가에 대한 충성을 다한다는 신념을 세울 것인가에 있다. 따라서 사람에 대해서는 우선 첫째로 정당한 의무상의 교육을 시행해야 한다. 그런데 오늘날 일본인과 동일한 학교에서 배우게 하고, 같은 과목을 듣게 한다든지 하여 일본인과 동일한 권리 및 의무의 교육을 하고 있다. 이처럼 대상의 여하에 상관없이 동일한 방법으로 임하는 것은 잘못된 것이다. 만약 오늘과 같은 상태로 방치하면 조선 통치의 장래는 걱정할 수 밖에 없는 것이다.

4.

종래의 충군애국은 그 철학적 기초에 있어 불충분하다. 국가의 기초가 힘에 있다는 것은 앞에서 얘기했지만, 이 힘은 단순히 무력만이 아니라 지식의 힘 및 의지의 힘이 더해지지 않으면 그 질과 양을 키울 수 없다. 그러나 국가가 발전하면 어느 정도 그에 따라 이 힘이 필요하게 된다. 우리나라의 오늘날의 추세는 모든 방면에 이 힘의 충실을 필요로 하지만 조선통치에 있어 특히 국가도덕의 심화의 필요성이 요구되는 것이다. (8월 15일)

鮮人と教育

東京 法學士 安武東一郎

一

鮮人の教育に就いては常に重大な注意が必要である、何故なれば知識は力であるが故である、力は正當に用ふれば文化を建設するが惡く用ふれば之を破壞する、朝鮮を併合して朝鮮人——數百年の間虐政に苦しめられた民族——に道德上、並に經濟上の發展充實を與へた日本が却て其爲めに大ひなる不利益を蒙るが如きは絕對に阻支されなければならぬ事柄である。

二

朝鮮の統治が武斷政治より文化政策に移つたのは一の進步である力は國家存立の根本的要素であつて力の無い所に國家は存在しない(反面として)力にのみ依る所謂武力的統一は決して永久のものではない、夫れが永久のものたるには力に加ふるに道德並に經濟上の要素が加はらなくてはならぬ、併し乍ら政治は決してセンチメンタルであつてはならぬ、淺薄なる愛或は一視同仁の元に有害なる鮮人を善良なる鮮人と同樣に自由や權利を認むるが如きは誤りである、我國家に對して忠誠の念無き否反逆の志ある鮮人に他日國家の中堅となつて我國家を發展せしむ可き善良なる國民と同樣の教育を施してはならぬ、啻に鮮人が人として道德及び經濟の完成を遂げんと欲するならば先づ國家に忠誠を盡すの信念が根本の義務として要求せらるゝのは永遠に不變にして全世界に妥當する原則である、若し彼等が我國家に忠誠の義務を盡すを肯じないならば人としての道德及び經濟上の完成を遂ぐる權利は否認せらる可きものである、之は朝鮮人のみならず内地人に於ても同樣である、

三

に從つて此の力が必要となつて來る、我國に於ける今日の趨勢は一切の方面に此の力の充實を必要とするが朝鮮統治に於いて殊に國家道德の深化が要求せられる(八月十五日)

朝鮮と愛蘭

(十八) 青牛生

饅頭のホヤホヤ

英本國が肥える反對に愛蘭は瘦せて最近六十餘年に英國の人口は二倍したが愛蘭は却つて半分に減少した朝鮮の統計は多く併合以後のものに關するが海外移住者は未だ大勢に影響するに至らぬ

◇愛蘭の移民は殆ど全部米國に赴く米國人民中の愛蘭系は優に二千萬を超えると稱せられる一八四六年八百五十萬の人口を有した愛蘭は一九一一年四百四十萬に減少した一八四五以來一九一一年迄の海外移民數は五百三十萬に達した其原因を馬鈴薯の凶作による飢饉とするは英國政治家の遁辭である英國は寧ろ惡醜複の如く愛蘭の貧乏人を米國に送つた今日米國が愛蘭の後援者として英國の爲めに眼上の瘤となれるは自ら招いた罪である

◇朝鮮人の海外移住は併合以來二十五萬と稱する其地方は西北鮮島北間島及蒙古方面で内地に出稼ぎする者其以外に約六萬に上る出身地方は咸鏡北道で所謂愛蘭のコンノートに當る之に次ぐ平安北道は國境に近く旱魃の本場である安も少い全羅北道は僅に一七七名を出すに止まる内地に出稼ぎするものは大阪を始として福岡縣下の工場地帶である是等移住者中朝鮮に歸還した者六萬六千人に達する下關埠頭には朝鮮の無謀なる出稼ぎ者を阻止するためにポスターを揭げる

◇

三

内地人と朝鮮人との歷史的過程の相違は國家に對する義務の信念の上に重大な區別を殘して居る、鮮人教育の根本は其の實質に於ては如何にして我國家に對して忠誠を盡すの信念を樹立すべきかに存する、故に人に對しては先づ第一に正當なる義務上の教育を施さねばならぬ、然るに今日、内地人と同一の學校に學ばしめたり、同樣の課目を受けたりして内地人と同一の權利及義務の教育を與へて居る、之れ對象の如何に拘はらず同一の方法を以て臨む者で誤つて居る、若し今日の如き狀態にして放置するならば朝鮮統治の將來は憂ふ可きものがない譯にはゆかぬ。

四

從來の忠君愛國は其の哲學的基礎に於いて不十分である、國家の基礎が力である事は前に述べたが此の力は單に武力のみでなく智力及び意力が加はらなくては其の質量を大ならしむる事は出來ぬ、而して國家が發展すればする程其れ

◇是等の國外に移住するものを以て政治上の不平に基くものとするは早計である愛蘭人が米國に移住するは經濟上の理由である本國に在つては生活するを得ざるが故に涙を吞んで祖國を去るのであれ是れ一般出稼移民に比し女子の著しく多き所以である而して愛蘭の農業者をして窮乏に陷らしめしものは決して連年馬鈴薯の不作のみではない穀物條例廢止により物價暴騰の打擊である綠玉の島は忽ちにして荒寥の野と變つた農業の衰退は百姓の貧乏を招く貧乏なる百姓は移民によつて新天地を拓く外はない米國のパンがアイルランドの百姓を招くのである

◇朝鮮人の間島に往くは咸鏡北道に比して地味豐饒なるがためである春耕期に入れば城北の民は河を渡りて間島の沃野に赴く然るに宣傳に長じた鮮人側は之を小作爭議に利用する更に進んで東拓移民の防遏策に活用する幾箇の大官も

07

경상남도 조선인 교육

향학열 진흥에 비해 그 실적이 오르지 않다

1925년 5월 9일 8710호 2면 3단

근래 조선인의 교육열이 나날이 진흥되고 있지만 그에 비해 실적이 오르지 않는 것 같은데 이에 대해 정 경상남도 학무과장은 말하길,

조선인의 교육은 그 풍속과 습관이 다르기에 보통 일반인이 생각하듯 그렇게 쉬운 것이 아니어서 실적이 오르지 않는 것도 무리는 아니라고 생각하지만 그중에서도 그 주요한 원인을 살펴보면 조선은 일본과 마찬가지로 옛날부터 데라고야寺小屋와 비슷한 서당이라는 것이 있어 지금도 그 세력이 상당히 강하다. 현재 경상남도에는 896군데의 서당이 있으며 그 수용 아동이 족히 9,600명 가까이 된다. 부산에도 서당이 23군데나 있다. 그런데 그 경비는 자그마치 8만 400원을 계상하고 있다. 그리고 가르치는 내용도 한학이지만 역사도 있고 윤리도 있고 상당한 교사도 있기에 기꺼이 보통학교에 넣으려고 하지 않는다. 이것이 주가 되면 보통학교의 발달에 그다지 좋지 않다고 생각한다. 정말로 조선인 교육을 충실히 하려면 그 제도를 점차 바꿈과 동시에 보통학교의 진가를 조선인에게 알려야 할 필요가 있다. 현재 이 비용을 보통학교의 경비로 환산해 보면 1학급 1,400원이라고 예상하면 그 비용으로 60개 학교의 유지가 가능하며, 그 수에 학급당 70명이라면 전체 4,200명 즉 서당에 다니는 아동의 반수는 훌륭한 교육을 받게 할 수가 있다. 만약 이것이 전부 보통학교로 바뀐다면 지금보다 더 많이 학교 교육을 받지 못하는 아동을 구제할 수 있다고 생각한다.

六、土地改良維持及管理に要する經費は地主負擔し小修繕にして…運を招來するの兆があると

慶南鮮人教育

向學熱勃興の割に その實績が擧らぬ

近來鮮人の教育熱が勃興しつつあるがその割に實績が擧らぬやうであるが之れに就て鄭慶南學務課長は曰く

朝鮮人の教育は其の風俗習慣が違つてゐるので普通一般人の考へゐる様にそんなに容易なものではなくそれで實績のあがらないのも無理はないと思ふが就中其の主なる原因を調て見ると朝鮮は内地と同様に昔からの寺小屋に似た書堂と云ふものがあつて今も其の勢力が可成に强よいのである現在慶尙南道には其の數八百九十六の書堂があつて其の兒童收容が優に九千六百人近くある此の釜山に於ても二十三堂もある而して其の經費は驚く勿れ八萬四百圓を計上してゐるそして教ふる内容も漢學ではあるが歷史もあれば倫理もあり相當の教師も居るからして好んで普通學校に入れやうとしないこれが主となつて普通學校の發達が餘り香ばしくないのだと思ふ本當に朝鮮人教育を充實せしむるには此の制度を漸次更むると同時に普通學校の眞價を朝鮮人に知らしむる必要がある今此の費用を普通學校の經費に換算して見ると一學級千四百圓と見積れば其の費用で六十校の維持が可能な譯で其の數一學級七十名とすれば全體四千二百人即ち書堂の分の半數の兒童に立派な教育を授ける事が出來るのである若し之れが全部普通學校に換ると今よりも更に無學兒童を救ふ事になりはすまいかと思ふと

08

조선의 교육계

1926년 1월 1일 8933호 1면 2단

학무국장 이진호

올해는 우선 형식적으로 완비
앞으로는 내용의 충실을 기해야

누구나 하는 말이지만, 설날에는 나 자신에게 과거의 기억과 장래의 희망이 동시에 찾아온다. 나는 학무국장이라는 중책을 맡은지 이제 대략 1년이 된다. 나의 신통치 않은 두뇌와 수완을 돌아보며 밤낮 이 중책을 욕되게 하지는 않을까 하고 문자 그대로 전전긍긍하는 꼴이었는데 여하튼 그렇게 큰 실수 없이 새해를 맞이할 수 있게 된 것은 뜻밖의 행복이라고 느끼고 있다.

솔직히 고백하면 과거 1년간 즉 내가 학무국장으로 첫 1년째 사업은 나로서는 오히려 순조롭게 지냈다고 믿는다. 조선의 교육이라는 큰 무대에서 활약하기에는 너무 경험이 없었기에 스스로는 이 1, 2년을 연구의 시기로 삼아 각종 지식을 얻고 경륜을 쌓아, 3, 4년 후에 비로소 자신의 이상을 어느 정도 실현할 수 있으면 그것으로 만족한다고 생각했는데, 임무를 맡자마자 도에서 이관한 여러 중등학교 문제와 행정 정리를 좋은 기회로 삼았다.

교육계 대 쇄신 사업이 꽤 세간의 이목을 끌었는데, 다행히 큰 어려움 없이 쉽게 해결할 수 있어서 반도의 교육에 얼마간 신선한 기운을 불어 넣을 수 있었던 것은 나에게는 오히려 뜻밖의 공명功名이라는 느낌이 있었는데 해결

해야 할 문제는 대부분 금년도로 남겨지게 되었다. 초등교육의 확장 문제, 그 내용의 충실 문제, 교과서의 개정 문제 등의 문제와 필연적으로 관계가 있는 사범교육 문제, 기타 실업교육의 개선문제, 여자교육 문제, 군사교육 문제, 장학기관의 개선문제 등이 각각 당면한 급무로서 내 앞에 놓여있다. 또한 전문학교의 충실 혹은 확장문제, 대학 신설문제 등도 역시 하루도 소홀히 할 수 없는 중요한 일이다. 나는 지금 부하들과 함께 이들 여러 문제에 대해 신중하게 심의를 거듭하고 있다. 충실한 학무국 직원들은 한 뜻으로 전념하여 연구조사를 진행하여 이미 안을 만들었기 때문에 머지않아 이들 여러 문제에 대해 적당한 대책을 세울 수 있다는 큰 자신감을 가지고 있다.

올해는 어떤 의미에서는 조선교육의 완성기라 할 수 있다고 생각한다. 그것은 이미 세간이 주지하고 있는 것처럼 경성제국대학의 창설이 금년 4, 5월경 예정으로 되어 있기에 이 대학의 개교와 함께 조선반도의 교육기관은 초등, 중등, 고등 각 방면의 완비를 이제 막 고한 것이다. 이 의미에 있어서 올해는 반도의 교육계에 대단한 축복을 베풀었다 해도 좋을 것이다. 나는 이러한 교육기관의 완성기를 절호의 기회로 삼아 이를 영구히 기념하기 위해 일대 사업을 일으켜보고 싶어서 현재 그 조사를 진행하고 있다.

여하튼 올해로써 형식적으로 완비된 조선의 교육은 앞으로는 방향을 바꾸어 내용을 정비하고 충실을 기하는 방면으로 향하지 않으면 안 된다. 이렇게 생각해보면 올해는 조선의 교육계에 분명히 하나의 전기를 가져오는 해라고 해도 좋을 것이다.

措置する事が出來る又當事者より……分てまつて
と相俟つて各港に造船所の續出を見……の航路補助航海獎勵等の如き直接……たものであるから驚賞すべき現象

朝鮮の教育界

本年を以つて先づ形式的に完備

今後は內容の充實を圖らん

學務局長 李 軫 鎬

誰も言ふ事であるが元旦は過去の追想と將來の希望とを同時に我身にもたらすものである、自分は學務局長としての重職に就てからもう早丁度一年になる不敏な自分の頭腦と手腕とを省みていつ迄この重職を汚しはしないかと文字通りに戰々兢々たる有樣で居たのに兎も角も左迄の大過なくして新らしい年を迎へ得た事は望外の幸福と感ずるところである

正直に告白すると過去の一年間即ち自分が學務局長として第一年目の事業は自分としては寧ろ順調に經過し得たものと信ずる朝鮮教育と云ふ大舞臺に活躍するには餘りに無經驗であつたので自分はこの一年二年を研究の時代として各種の智識を得經綸を立て〻三四年後に於いて初めて自分の理想の幾部分を實現せしめ得ればそれで滿足たと考へて居つた所が就任間もなく道移管の中等諸學校問題と行政整理を行ふ機會とした

教育界大刷新の事業とが可

なりに世間の視聽を動かしたのであるが幸に大なる困難もなく容易に解決し得て半島の教育に幾分の清新の氣を吹き込み得たのは自分にとりては寧ろ怪我の功名とでも云ひたい感があつたたゞ解決すべき問題は大部分本年度に殘されて居る初等教育の擴張問題その內容の充實問題教科書の改訂問題等の問題と必然的に關係を有する師範教育問題其他實業教育の改善問題

女子教育問題
軍事教育問題

組織機構の改善問題等が夫れ〴〵當面の急務として自分の前途に置かれてある上に更に專門學校の充實或は擴張問題大學創設問題等も亦一日も忽にし得ざる重要事件である自分は今部下の人々と共に之等の諸問題について愼重審議を重ねて居る忠實なる局員達は專念一意研究調査の歩を進めて既に成案を得たものであるのであるから遠からず之等の諸問題に對して適當の施設をなし得るものと大なる自信を持つて居るものである

本年は或意味に於て朝鮮教

育の完成期と云ふことが出來ると思ふそれは世間既に周知の如く京城帝國大學の創設が本年四五月頃の豫定となつてゐるので此の大學の開校と共に朝鮮半島の教育機關は初等中等高等の各方面に完備を告げた次第である此意味に於いて本年は半島の教育界に大なる紀念を惠んだものと云ひ得るだらう自分はこの教育機關の完成期を絕好機として之を永久に記念すべき一大事業を起して見たいと考へ只今その調査に從事してゐる

兎に角本年を以つて形式的

に完備せる朝鮮の教育は今後は方面を轉じて內容の整備充實といふ方面に向はなければならぬ斯ふ考へて見ると本年は朝鮮の教育界にとつて確に一轉機を持ち來すものと云つてもよいであらう

09

조선의 교육비도 일본처럼 국고에서 요구하자

1927년 2월 17일 9328호 3면 7단

부산부 장학관 아카기 만지로赤木万次郎 씨 말하다

천황 장례식 참석을 위해 도쿄를 방문했다가 15일 밤 연락선으로 부산에 상륙, 귀임한 부산부 아카기 장학관은 차 안에서 기자에게 말하길, 내가 도쿄 방문 중에 의회는 교육을 중심으로 회의를 개최하고 있었다. 일본에서는 교육 보조비로 5백만 엔을 계상, 마침내 의회를 통과한 것은 물론 기쁜 일이지만, 본디 교육비는 그 성질상 국고에서 지불하는 것이 온당한데 지금까지는 시정촌市町村 예산으로 지불해 왔는데, 그러나 그것이 차츰차츰 그러한 경향을 나타내기에 이른 것은 실로 기뻐해야 할 일이다. 현재는 조합비로 하고 있는데, 조선도 일본과 마찬가지로 점차 그 돈의 용도를 선택하는 것이 매우 필요하지만 조선은 현재 사정상 당분간은 어쩔 수 없기는 한데, 언젠가는 일본과 마찬가지로 국고에서 지원하지 않으면 안 될 것이다.

…の乾分を
…撃せんとして
阻止

…謀して復讐を遂げるため兇器を携へて暴れ込む處を逮捕されたもので一時は正に血の雨を降らさんとした形勢に陷つて危險であつたと

…員上高
一萬二千圓
嗜好の向上漸次濃厚

から總體に於ては年々の賣行きが增加する譯である其理由は一般に煙草の嗜好が向上するからで之れを要する自然の增加と見るが妥當であると

朝鮮の教育費も
內地同樣に
國庫に求めよ

本府視學官
赤木萬次郎氏談

御大喪參列の爲め東上中の所十五日夜の連絡船より釜山上陸歸任したる本府赤木視學官は車中記者に語る私が東上中の議會は教育を中心として會議を開いて居た內地では教育補助費として五百萬圓を計上愈々議會を通過したことは素より喜ばしきことであるが由來教育費は其性質上よりして國庫支辨にするのは穩當であるけれども從來は市町村費で支辨し來つたので然し夫れが追々其傾向を示すに至つたのは誠に喜ぶべき事である朝鮮でも現在では組合費でやつて居るが朝鮮も內地と同じく漸次其費途を選ぶは最も必要の事であるけれども朝鮮は現時事の情より當分は致し方なからうが或る時機に內地同樣にせなくてはなるまい

御大喪寫眞
映畫收入
全部を消防へ

去る十三日夜觀海座に開演したる中尾活動寫眞の上映せる御大喪謹…

焚かぬ煉炭
自然に發…
乾燥中に
商人…

釜山署では昨十六日午後一時より府內の各煉炭商人八名を本署に召致し取扱ひに關し岡本署長より嚴重注意する處があつたが右は最近各煉炭工場で製作の煉炭は乾燥に

10

조선교육 향상을 위한 교육대회 이바지

1929년 10월 6일 10261호 3면 6단

나라하라楢原 학무과장 출장보고

결코 적다고 할 수 없다

교육행정부 경남을 대표하여 전국교육대회에 출석한 나라하라 도道 학무과장은 3일 부산으로 돌아왔는데, 대회의 모습에 대해 다음과 같이 말하였다.

어쩌면 조선에서 전국의 교육자를 망라한 대회를 개최한 것은 처음 있는 일일 것이다. 대회라고 하면 건성으로 하는 것이 많은데, 본 대회는 그렇지 않고 상당히 시종일관 열심히 한 것은 대서특필해야 할 일이다. 본 대회가 조선의 교육행정 내지는 교육시설의 향상을 위해 이바지하는 점은 결코 적다고는 말할 수 없다. 그중에서도 전국의 대가, 실무가로부터 수많은 참고가 될 만한 것을 들어서 도움이 되는 것이 많다. 회의는 마쓰우라松浦 학무국장이 의장으로서 훌륭히 주재하셔서 참가자들의 호응이 좋았다고.

朝鮮教育向上のため 教育大會の稗益

決して少しとせぬ

楢原學務課長歸來談

教育行政部會を代表して全國教育大會に出席した楢原學務課長は三日歸釜したが大會の模樣につき左の如く語る

恐らく朝鮮で全國の教育者を網羅した大會を開いた事は始めての事であらう大會と言へばお座なりのものが多いやうであるが本大會はさうでなくなかく終始熱心であつた事は特筆大書すべき事である本大會が朝鮮の教育行政乃至は教育施設の向上のために稗益する所は決して少いとは申されない就中全國の大家實際家から幾多の參考となるべきものを聞いては役立つ事が多い會議は松浦學務局長が議長として鮮な統裁をされた事は一般の受けがよかつたさ

11

〈사설〉 총리의 교육관(상)

1933년 8월 27일 1면

과연 학교가 지나치게 많은가
수상 대 총재의 진문답

1.

23일 사이토斎藤 수상 대 스즈키鈴木 총재의 국책협정 회견에서 사이토 수상은 스즈키 총재에게 교육에 대해서 의견교환을 하면서 '학교가 너무 많다'라고 말하자, 스즈키 총재는 그 즉시 그렇다고 큰 공감을 표했다고 한다. 교육상의 문제에 관한 수상의 이 말은 매우 중요한 제언이라고 하지 않을 수 없다. 왜냐하면 학교가 지나치게 많다면 이를 줄이지 않으면 안 되기 때문이다. 또 정치가로서 참으로 중요한 정부 대 정우회政友會의 국책 협정에서 이를 진술할 때에는 어떤 대책이 있을 것이라 생각되지만, 학교를 줄이는 일은 결코 간단한 일이 아니다. 지방의 한 공립학교를 폐교할 때도 유혈 참사를 일으킨 사례가 있는 오늘날, 국책으로 학교가 지나치게 많다, 무엇이든 해야 한다, 정말 그렇다는 것에 일치했다는 것은, 관련된 중요성을 고려할 필요가 있으며, 그 결과는 실로 중대하다. 우리는 이 양 거두의 회견과 의견일치에 대해서, 적어도 앞으로는 학교를 절대 새로 만들지 않는다는 것을 합의한 것이라고 생각한다. 우리는 수상 대 스즈키 총재의 교육에 관한 문답에 2가지 의문이 있다. 첫째는 정말로 학교가 너무 많은가 하는 의문과 둘째로 지나치게 많다는 이면에는 오늘날의 학교는 별로 쓰임새가 없을 뿐 아니라 오히려 유해하다고 말하는 것이며 이것이 과연 옳으냐 라는 두 가지이다.

2.

첫 번째로 학교가 정말 너무 많은가 라는 의문에 대해서는 학교의 종류와도 관련이 있는가. 국민 의무교육으로 소학교 학령 아동을 대부분 수용하여 전 국민에게 의무적인 교육을 실시하고 있다. 의무교육의 입장에서 보면, 학교가 지나치게 많다는 것은 즉, 아동의 수용인원 이상으로 학교를 지나치게 많이 세웠다는 것이다. 그러나 우리는 문부성 통계와 지방당국의 설명에 따라 의무교육에 학교가 지나치게 많다는 사실을 받아들이지 않는다. 그렇다면 이 문제는 의무교육 이외의 교육을 시행하는 학교에 대하여 말하는 것이다. 중등학교냐, 고등학교냐, 전문학교냐 아니면 최고 학부인 대학이냐는 것이지만, 중학교도 또 고등학교도 그 밖에 전문학교도 학생이 적어 교실이 남고, 교사가 많아 곤란하다는 것에는 별로 동감하지 않는다. 뿐만 아니라 한두 개의 특수학교를 제외하고는 모두 입학난을 초래하여, 심하게는 10명 중 1명의 비율로 소위 격심한 경쟁이 있는 학교도 여전히 존재하고 있다. 물론 최근 2, 3년 재계 불황에 직면하여 대체로 입학 희망자가 감소하였지만, 그래도 역시 현재 시설 내지 학교가 지나치게 많아, 문 앞에 거미줄을 치는 정도의 한산한 모습은 도저히 보려 해도 볼 수가 없는 것이다. 그렇다면 우리가 볼 때, 사실상 학교가 지나치게 많다는 수상 대 스즈키 총재의 의견교환은 아무래도 인식 부족의 결과에 따른 중대한 착각이라 할 수밖에 없다. 어떤 점에서 보더라도, 위에서 얘기한 학교 현상을 보더라도 학교가 학생을 위해 필요없다고는 할 수 없다. 오히려 생도나 학생의 희망율로 보면 너무 많기는커녕 부족한 것이 현실이 아닐까.

3.

그렇다면 문제는 수상이나 총재가 학교가 너무 많다고 하는 것은 실제 그렇다는 것이 아니라 효용 측면에 관한 것이라고 할 수밖에 없다. 소학교를 졸업한, 소위 의무 졸업자에게는 실업문제가 생기지 않아도, 중등학교를 졸업한 사람에게는 이미 다소의 취직난이 생기고 더 나아가 고등학교, 전문학교 졸업자에게는 제법 많은 취직 고민이 발생해 왔다. 대학 졸업생에 이르러서는 실로 중대한 사회문제로 언급될 정도로 취직난이 중대한 문제가 되었다. 각 대학이 최근 학내에 인사과를 특설하여 졸업생 취직에 전력을 다해 노력하기에 이른 것도 이를 잘 나타내는 것이다. 특히 대단한 것은 담당교수가 가르치는 한편 취직운동에 몰두하고, 학장 또한 분주하게 졸업생을 돌본다는 형편으로, 바야흐로 대학은 학문의 심오한 경지를 연구함과 동시에, 취직운동의 선구를 떠맡고 있는 모습을 나타내고 있다. 그러나 우수한 교수라는 것이 단지 가르친다는 관점이 아니라 취직을 도울 수 있는 우열에 의해 정해지는 것은 실로 대학의 사명과 그 직능이 변했다고 할 수 밖에 없다. 게다가 이처럼 교수와 학교가 죽을 힘을 다해 도운 결과에도 불구하고, 취직율은 겨우 졸업생의 20% 내지 30%에도 미치지 않는 상태이다. 많은 학생은 내일의 생활에도 괴로워하는 실정이다. 이것은 작년이나 올해 시작된 일이 아니라, 실로 최근 십몇 년 동안의 우리 교육계의 현상이다. 대학은 졸업했지만 직업은 없고, 전문학교는 나왔지만 아직 이렇다 할 지위도 없고, 이렇게 되면 자연히 이 사이에 그릇된 생각도 생기게 된다. 숙명적인 공산주의자가 대학, 전문학교 학생에 많은 것은 이 결과이다. 정치가인 사이토 수상, 스즈키 총재가 학교가 지나치게 많다고 하는 것도 이 점에서 보면 어쩌면 당연한 일일지 모른다.

THE CHOSEN JIHO　昭和八年八月二十七日　（明治二十五年十二月五日 第三種郵便物認可）

朝鮮時報

夕刊

社說

總理の敎育觀（上）
果して學校多過ぎるか
首相對總裁の珍問答

一

二十三日の齋藤首相對鈴木總裁の政策協定會見に於て、齋藤首相は鈴木總裁に對し敎育上の意見交換として「學校が多過ぎる」と述べたところ、鈴木總裁は立ちどころにそうだと大きな共鳴をあたへたとの事である。敎育上の問題に關する限り首相のこの言は極めて重要な提言と言はざるを得ない。何んとなれば學校が多過ぎると言ふ事になると之れを減らさねばならぬ。また政治家として最も重要な政府對政友會の政策協定として之れを述べるに就ては、何らかの對策があるものと思ふが、學校を減らす事は決して易々たるものでない。地方の一公立學校を廢するに就ても流血の慘事を起した事例を有する今日に於て、國策として學校が多過ぎる、何んとかせねばならぬ、いやそうだと言ふ事が一致したに就ては、かゝる重要性を考慮に入れる要があり、その結果は實に重大である。吾々はこの兩巨頭の會見と意見一致に就て、少なくとも今後學校は絕體に建てない事を申し合せた事になり。吾々は首相對鈴木總裁の敎育上の問答に二つの疑問を有つものである。第一は事實學校が多過ぎるであらうかと言ふ疑問と、第二に多過ぎると言ふ裏面には、今日の學校はあまり用論をなさぬのみか却つて有害である事を物語るものにして、之れが果して的中してゐるかどうかの二點である。

二

第一の學校が事實多過ぎるかどうかの疑問に就ては、學校の種類によるものであるか國民義務敎育としての小學校學齡兒童を殆んど收容して全國民に義務としての敎育を施してゐる。若し義務敎育の立場からすれば、學校の多過ぎると言ふ事はとりも直さず兒童の收容數以上に學校を建てすぎたと言ふ事になる。然し吾々は文部省の統計と地方當局の說明によつて、義務敎育に學校が事實多過ぎたと言ふ事を聞かない。然らばこの問題は義務敎育以外の敎育を施す學校を對稱した事になる。中等學校か高等學校か專門學校か、それとも最高學府の大學かと言ふ事になるが、中學校にしてもまた高等學校にしても、その他專門學校にしても、生徒が少くて敎室があまり、敎師が多くて困ると言ふやうな事を强いて痛感もしない。のみならず一二の特殊の學校をのぞいては何れも入學難を來し、甚しきは十人一人の割合で所謂激甚な競爭裡にある學校も依然として存在してゐる勿論こゝ二三年財界の不況に直面し、總じて入學希望者を減少したが、それでも猶且つ現在の施設乃至は學校が多過ぎて、門戶を張ると言つた調子の閑談振りは到底見んとしても見る能はざるものである。然らば學校が多過ぎると言ふ事は、吾々の見るところ、どうしても首相對鈴木總裁の意見交換は認識不足の結果より來たる亦大なる錯覺と言はざるを得ない。どこの點から見ても、右の學校の現狀をもつてしても、學校が生徒のために不用だと言ふ事は出來ない。むしろ生徒や學生の希望率からすれば、多過ぎるどころか不足を來してゐると言ふ事が眞相ではあるまいか。

三

然らば問題は首相や總裁が學校が多過ぎると言ふ事は、[illegible]上の事でなく、効用の一事に關するのであると言ふ外はない。小學校を卒へ、所謂義務卒業者に失業問題は起らなくとも、中等學校を卒業したものには、旣に多少の就職難を生ずる。更らに進んで高等學校、專門學校の卒業者には可なり多く就職の悩みがまとうて來た。大學卒業生に到つては實に由々敷き社會問題として論ぜられる程に就職難が重大問題となつて來る。各大學が最近學內に人事課を特設して卒業生の就職に努力專心するに到つたのも、このよきあらはれである。殊に苦しきは擔當敎授だ。敎授のかたはら就職運動に沒頭し、總長また奔走して卒業生の世話をなすと言つた有樣で、今や大學は學問の蘊奧をきはむると共に、就職運動の先鋒を承つてゐる觀を呈してゐる。而して[illegible]敎授と[illegible]はるものが眞に敎授上の缺點からでなく、就職の世話の出來る優劣によつて定まるとは、實に大學の使命とその體面が變つて來たと言はなければならぬ。しかもかくの如くして敎授と學校が奔命に疲れて世話した結果が、就職率は僅かに卒業生の二割乃至三割に過ぎない有樣である。多くの學生は明日の生活にも苦しむ有樣である。これは去年や今年初つた事でなく、實にこゝ十數年來の我が敎育界の現象である。大學は卒業したが職はない、專門學校は出たが未だとりつく地位もない、こうなれば勢ひこの間に邪程な考へも浮んで來る。宿命的共產主義者が大學、專門學校學生に多いのはこの結果である。政治家たる齋藤首相、鈴木總裁が學校が多過ぎると言ふのも、この點からすれば或ひは無理からぬ事でもあるやうである。

三大指導精神と十大政綱
壓搾して首相に提示する
政友會長老會議に諮る
廿六日官邸で首相と會見

（東京特電）政友會の鈴木總裁が齋藤首相との第二次會見に於て提出すべき政策協定要綱は政友會首腦部に於て慎重に[illegible]の結果大體の成案を得たので鈴木總裁は廿六日床次、望月、山本[illegible]諸氏に案の內容を示してこの際修正する意見あれば修正の餘地を[illegible]同日午後[illegible]をなした上文章に直し多分廿八日午前中に四谷の私邸に齋藤首相を訪問し總裁より首相に提示する段取りである而して提案內容は政友會の三大指導精神と十大政綱とを壓搾して五大項目としたものである

一、外交國防方針　外交方針は聯盟脫退と共に煥發された詔書の大御心に從つて邁進し自主外交により極東平和の確保と經濟的外交戰に萬遺憾なきを期す各國との協力を期し特に對露、對支外交には慎重な態度で臨む▲國防方針は滿洲國南洋諸島を第一線としワシントン及ロンドン兩軍縮條約後の動向に注意し產業經濟と經濟的に擧國一致で當ること

二、日滿經濟問題　滿洲國を國防の第一線とすると共に經濟的には相互扶助の精神に立脚し經濟統制を行ふ▲關稅問題は特殊の品物を除き課稅しないこととし政府及民間實業家の投資を歡迎する滿洲國內に販路を開放し特に棉花、羊毛、鐵鋼に盡力する

三、產業及經濟　產業五ヶ年計畫の實現を圖り通貨金融の圓滑と特に低金利政策の徹底を期す產業金融のため日本銀行の貸出し運用を圓滑とする

四、財政問題　無駄を廢除して產業振興による自然增收を圖り產業投資により財政の根本を强固にする

五、行政改革　行政中央地方統制し行政刷新と[illegible]を自治は地方分權の確立をなす

第五項目の結論として人心不安の一掃のためその禍根を衝いて大に廓淸すると云ふのであると

印棉保護法
來年三月まで延期す

で田虫だらけだが出來るだけ出來りや補も機きるだらう長さや食物には決して負けない積りだが何となく爲目になりかゝつた樣な氣もする八月十七日村瀨小隊は支隊本部護衛のため紅溝街發り高行中隊長は小濱小隊と

（日曜日）　第一萬一千六百三十一號　（一）

12

조선여성의 교육 보급 계획

1933년 11월 2일 11696호 1면 2단

경북교육총회

(대구) 이미 보도한 바와 같이 조선여성에 대한 교육 보급을 논의하기 위해 29일 봉산소학교에서 열린 교육회 총회에서는 특히 이 여성교육의 진흥에 대한 구체적인 방안을 자문하여 남성 편중을 배제하고 적극적으로 여성교육의 진흥에 착수하여 각 방면에서 주목을 받고 있다. 또한 당일 총회에서 결정된 자문안의 답신은 다음과 같다.

자문안

조선에서 여성교육을 한층 진흥시키기 위한 구체적인 방안은 어떠한가

답신 원안

여성교육 존중의 이념을 세상 사람에게 환기시킬 것

(ㄱ) 당사자의 헌신적 세력을 기대하기 위해 다음과 같이 제휴 단결을 이룰 것

△ 여성교육에 직접 관계 있는 학교장이 중심이 되어 지방관민 각 분야의 유지有志와 연결 제휴 대동단결을 이룰 것

△ 여성교원이 중심이 되어 지방 여성 유지와 연결 제휴 대동단결을 이룰 것

△ 여성이라는 자각을 높여 남성에게 여성의 인식을 새롭게 하기 위해

다음을 설치하여 경영할 것

강연회, 강습회, 견학회, 전람회, 학예회, 음악회, 운동회, 순회문고, 간이도서관, 취직알선 등

△ 여성교육의 개선을 이룰 것

(ㄱ) 조선 여성의 장점과 단점을 고려할 것
(ㄴ) 윗사람을 경애하는 미풍을 존중할 것
(ㄷ) 자녀의 교양력을 양성할 것
(ㄹ) 가정 화목의 중심이 되는 성능을 양성할 것
(ㅁ) 가정 정리력을 양성할 것
(ㅂ) 시국을 감안하여 특히 유의할 것
(ㅅ) 국체 관념을 분명하게 할 것
(ㅇ) 사상 선도를 할 것
(ㅈ) 근로애호 정신, 경제관념을 양성할 것
(ㅊ) 국제 신의심을 함양할 것

2. 여성의 취학, 진학을 용이하게 할 것

△ 보통학교에서 남녀공학에 대한 이해 정도를 높일 것

△ 여성고등보통교육에서 일본어 상용자와 비상용자와의 수용률을 한층 더 높일 것

△ 보통교육기관을 증설할 것

(ㄱ) 서당, 사설 학술 강습회에 여성의 입학을 장려할 것
(ㄴ) 관공사립여자보통학교, 보통학교를 증설할 것
(ㄷ) 여자보통학교, 보통학교, 여자고등보통학교의 여성 졸업생 지도 보급

을 철저히 할 것

(ㄹ) 여자보통학교, 보통학교에 고등과를 증설할 것

(ㅁ) 여자중등학교를 증설할 것

△ 직업교육기관을 증설할 것

(ㄱ) 여자실업보습학교를 증설할 것

(ㄴ) 여자직업학교를 증설할 것

3. 여성의 자각과 향상을 도모하기 위한 여자사범학교, 관공립여자전문학교를 창설할 것

（東京發）大藏省豫算省議第四次會は三十一日午後一時半より藏相官邸に於て開會され藏相、黒田次官以下各關係官出席し明年度豫算新規要求に關して協議の結果時局匡救費は十年度をもって一旦打切る當初の豫定であり九年度[illegible]は減額すべきであるとて協議の結果[illegible]も一般財源同樣稍好轉したので八年度豫算中新規要求[illegible]を七千五百萬圓程度に削減すべきであると意見一致を見午後六時散會した次回は一日午前十時より再開

朝鮮婦人の教育普及企圖

慶北教育會總會

（大邱）既報の如く朝鮮婦人に對する教育の普及を計るべく二十九日邱山小學校で開かれた教育會總會では特にこの女子教育の振興に對する具體策を諮問し男子偏重を排し積極的に女子教育の振興に乗り出し各方面に注目されてゐる[illegible]當日の總會に於て決定した諮問案の答申は左の如し

諮問案

朝鮮に於ける女子教育を一層振興せしむべき具體方案如何

答申原案

一、女子教育尊重の念を世人に喚起すること

（イ）當事者の獻身的努力を俟つため左の提携團結をなすこと

△女子教育に直接關係ある學校長中心となり地方官民各般の有志と連絡提携大同團結をなすこと

△女教員中心となり地方の婦人有志と連絡提携大同團結をなすこと

△女子にその自覺を高め男子に女子の認識を深からしむるため左の施設經營をなすこと

講演會、講習會、見學會、展覽會、學藝會、音樂會、運動會、巡回文庫、簡易圖書館、就職斡旋等

△女子教育の改善をなすこと

（イ）朝鮮女子の長所と短所に考慮すること

（イ）長上敬愛の美風を尊重すること

（ロ）子女の教養力を養成すること

（ハ）家庭和樂の中心となり得る性能を養成すること

（ニ）家政整理力を養成すること

（ホ）時局に鑑み特に留意すること

（イ）國體觀念を明徴にすること

（ロ）思想善導をなすこと

（ハ）勤勞愛好精神、經濟觀念を養成すること

（ニ）國際信誼心を涵養すること

二、女子の就學、進學を容易ならしむること

△普通學校に於ける男女共學に對する理解の程度を高むること

△女子高等普通教育に於ける國語常用者と常用せざる者との

收容率を一層高むること

△普通教育機關を増設すること

（イ）書堂、私設學術講習會に女子の入學を獎勵すること

（ロ）官公私立女子普通學校、普通學校を増設すること

（ハ）女子普通學校、普通學校、女子高等普通學校の女子卒業生指導の普及徹底をなすこと

（ニ）女子普通學校、普通學校に高等科を増設すること

（ホ）女子中等學校を増設すること

△職業教育機關を増設すること

（イ）女子實業補習學校を増設すること

（ロ）女子職業學校を増設すること

三、女子の自覺と向上を計るため女子師範學校、官公立女子專門學校を創設すること

13

<사설> 교육제도의 개혁

아무쪼록 근본적으로 유럽에 도취된 사상을 일소하라

1934년 5월 9일 1면

1.

일본의 현재 교육제도는 메이지 교육 그대로의 제도를 채택하고 있다. 다소 세월이 경과함에 따라 개선, 개량을 거듭한 점이 있지만, 소학교, 중학교, 고등학교, 대학교, 대학원과 진급학제에는 아무런 변화도 없다. 방계교육으로서의 실업학교, 고등전문학교도 예전 그대로의 상태이다. 원래 메이지의 교육이 유럽 직수입 교육이며, 모방교육이다. 따라서 현재의 교육이 여전히 모방직수입의 모습인 것은 두말할 필요도 없다. 오늘날 일본의 전 조선에 걸친 분위기가 일본의 참 정신을 발휘하라는 데 있는 것은 누구든지 수긍할 수 있지만, 이것을 교육에 반영하여 단호하게 일본교육으로 환원하라는 분위기가 넘쳐난 것은 실로 주목할 만한 일이다. 농촌에서 도시에서 일본 교육의 개선을 외쳐 온 농사農士교육의 실제화가 그것이다. 이제 이 움직임은 금과옥조로 여겨 왔던 현재의 일본 교육체계에까지 미치고 있다. 즉 문부성 한 부서에서 연구하고 있는 교육체계의 근본적 개혁이 그것이다. 문교부에 이미 그런 기운이 나타나고 있다. 우리는 이 기운이 향하는 곳, 반드시 우리 교육에 획기적 대개선이 일어나는 날도 결코 먼 장래가 아니라고 믿는다.

2.

문부성은 이 기운에 편승하여 교육제도 조사회 밖에 임시교육제도조사회를 설치하였다. 현재 교육의 재음미라는 것이 본 조사회의 궁극적 사명이다. 즉 오늘날의 교육이 일본의 정신문화와 과학을 향상시키는데 가장 유효하면서 또한 적절한지 연구하는 것이다. 일본문화를 향상 진보시키는 데에는 일본 고유의 교육이 없어서는 안 되지만, 과연 오늘날의 교육은 이 고유의 문화를 발휘하기에 가장 적절한가. 우리는 문부성의 태도가 뚜렷하게 과학적이고 일본적으로 되었다는 것을 충심으로 기뻐한다. 무사도의 연구, 농촌문화의 연구 등 셀 수도 없이 많다. 관학만능의 교육, 법과만능의 교육, 대학만능의 교육에는 시정해야할 점이 많다. 이들을 하나하나 일본정신의 진짜 핵심에 비추어 시정해가는 것은 실로 쉽지 않은 일이지만, 이것을 시정해 나가는 일은 실로 지금바로 시급한 업무가 되어야 한다. 문부성은 고등학교를 폐지하는 안을 세우고 있다. 영어를 중심으로 한 외국어를 주체로 하는 교육의 특수한 학제에 기초를 두고 있는 고등학교는 일본교육의 진보에 따라서 당연 폐지되어야만 하는 것이다. 원서를 읽는 것을 유일한 자랑으로 여기는 시대는 이미 과거의 일이 되었다. 오늘날은 일본어로 과학을 연구하고, 문화를 연구해도 충분하다. 그런데 아직 외국 책을 읽지 않고서는 과학 연구가 불충분하다고 생각하는 것은 사실에 입각한 것이 아니다. 우리가 일본의 문화를 너무 높게 평가하는 경향이 있다 하더라도, 새삼스레 외국 책을 통독하지 않으면 안 된다고는 절대 생각할 수 없다. 일본교육의 일본화는 이미 움직일 수 없는 사실이다.

3.

3년이 넘는 여분의 교육은 폐지하는 것이 좋다. 여기에 고등학교 불용론이 일어나는 근거가 있다. 교육조사회에서 과연 어떠한 결과를 얻을 수 있을지 모르지만, 이 안은 우리가 충심으로 찬성하는 것이다. 국민교육의 일본화도 역시 생각해야 할 일이다. 의무교육으로서의 소학교에도 고쳐야 할 점이 많이 있다. 중등학교 또한 그러하며, 영어 본위의 중등학교 교육에서는 특히 그러하다고 해야 한다. 5년의 과정을 그 수업시간으로 구분하여 보아 하찮은 것에 얼마나 많은 노력을 쏟아붓고 있는지 알게 될 때에는 한층 더 그러한 느낌이 강해진다. 중요한 학과가 겨우 몇 시간으로 밀려버리는 현상은 실로 우려할 수 밖에 없는 일이다. 일본을 알고 일본정신을 연구해야 하는 시간을 대부분 학생들이 돌아보지도 않는 현상은 정말 크게 시정해야 한다. 유력한 대칭이 되는 대학 또한 그러하지 않는가. 이렇게 보면 작게는 소학교로부터, 크게는 대학에 이르기까지 완전히 구미교육의 궤도 위를 달리는 것으로 보이는 것은 실로 중대한 일이다. 일본은 일본인의 일본이다. 일본인의 일본인 이상, 일본인은 일본의 교육에 따라 길러야 한다. 그런데 교육만이 일본의 궤도를 달리지 않고 외국의 궤도를 달리는 것은 얼마나 모순인지 새삼 말할 필요도 없다. 우리는 어디까지나 일본인이 일본인을 만드는 교육을 포기하면 안된다. 이런 의미에서 우리는 특히 문부성의 학제개혁에 깊은 주의를 기울여 바라봄과 동시에 그 개정의 근본에 있어서 일본정신의 인재양성에 가장 좋은 기회가 되기를 희망해 마지않는다.

（明治廿五年十二月五日第三種郵便物認可）　昭和九年五月九日　THE CHOSEN JIHO

朝鮮時報　夕刊

社説

教育制度の改革

よろしく根本的たれ　歐醉思想を一擲せよ

一

日本今日の教育制度は明治教育そのまゝの制度を採つてゐる。多少年月の經過によつて改善、改良の加へられた點はあるが、小學校、中學校、高等學校、大學、大學院と進級學制には何らの轉化もない。傍系教育としての實業學校、高等專門學校も昔のそのまゝの狀態である。元來明治の教育が歐洲直輸入の教育であり、模倣教育である。從つて今日の教育が依然として模倣直輸入の姿態にある事はこゝに贅說を要しない。今日日本の全學界に亘る空氣が、日本の眞精神を發揮せよと言ふにある事は何人も首肯し得るところであるが、之れが教育に反映し、斷乎日本教育に還元せよと言ふ氣氛が漲つてきた事は實に注目に値する事柄である。農村に都市に日本教育の改善が叫ばれて來た。郷土教育の實際化がそれである。今やこの空氣は金科玉條とされて來た現在日本の教育體系にまで及ばんとしてゐる。即ち文部省の一部に考究されつゝある教育體系の根本的改革がそれである。文教の府に於て既にその氣運があらはれて來た。吾々はこの氣運の向ふところ、必ずや我が教育に劃期的大改善の加へらるる日も決して遠き將來ではないと信ずる。

二

文部省はこの氣運に乘つて、文制調查會の外に臨時教育制度調查會を設置する事になつた。現在教育の再吟味と言ふ事が本調查會の窮極の使命である。即ち今日の教育が日本の精神文化乃至は科學を向上せしむる上に最も有効且つ適切であるか否かの研究である。日本文化を向上進步せしむるには日本固有の教育がなくてはならぬが、果して今日の教育はこの固有の文化を發揮するに最も適切であるか、吾々は文部省の態度が著しく科學的となり、日本的となつて來た事を衷心よりよろこぶものである。武士道の研究、農村文化の研究、數ふれば數限りがない。官學萬能の教育、法科萬能の教育、大學萬能の教育には多くの是正すべき點がある。之れらを一々日本精神の眞骨髓に照して是正して行く事は實に容易ならざる事であるが、これを是正して行く事はまさに刻下の急務でなくてはならぬ。文部省は高等學校を廢止する案を立てゝゐるとの事である。英語を中心とした外國語を主體とする教育の特殊的學制、基礎を置いてゐる高等學校は、日本教育の進步によつては當然廢止されて然るべきものである。原書を繙く事を唯一の誇りとしてゐた時代は既に過去の事實となつた。日本語によつて科學を研究し、文化を研究して今日は充分である。然るに未だ外國書を讀まなくては科學の研究か不充分であると考へる事は事實に即さない。吾々は日本の文化をあまり高く評價するきらひはあるにしても、今更外國書を通讀せねばならぬとは到底考へられない。日本教育の日本化は最早や動かすべからざる一事實である。

三

三ケ年の僅分な教育は廢止したがよい。茲に高等學校不用論が起つて來る根據がある。教育調査會で果していかなる結果が得られるか知れないが、この案の如きは吾々の衷心より賛意を表する一つである。國民教育の日本化も亦考ふべき事である。義務教育としての小學校にも改正すべき多くの諸點を有してゐる。中等學校また然り、英語本位の中等學校教育に於ては殊に然りと言ふべきである。五ケ年の過程をその授業時間に區分して見るに、いかに多くの勢力がつまらないものに打ち込まれてゐるかが知られる事を考ふるときに、一層その感を强ふせざるを得ない。大切な學科が僅か數時間にして押し込まれてゐる現狀は、實に憂ひてもなほあまりある事柄である。日本を知り、日本精神を研究すべき時間が殆んど學生から顧みられてゐない現狀はまさに一大是正を加ふべき有力な對象となり得べきものである。大學また然りではないか。かく觀じ來るときに小にしては小學校より、大にして大學に到るまで、全く歐米教育の軌道の上を走つてゐる觀がある事は實に由々敷き事である。日本は日本人の日本である。日本人の日本である以上、日本人は日本の教育によつて養はるべきものでなくてはならぬ。然るに教育のみが日本の軌道を走らなくて外國の軌道を走る事は、いかに矛盾であるか、改めて語る必要もない。吾々はどこまでも日本人は日本人をつくる教育を施さねばならぬ。この意味に於て吾々は殊に文部省の學制改革に深い注意をもつてながめるものであると同時に、その改正の根本に於て日本精神發揚の最もよき機會となる事を希望してやまないものである。

本國政府よりの回訓により すら〳〵と北鐵交渉解決す

引續き漁區問題につき 廣田外相と意見の交換

蘇船抑留問題も解決か

（東京發）七日午後四時ソビエート駐日ユレニエフ大使は廣田外相を外相官邸に訪ひ會談した會談内容は左の如きものと傳へられてゐる

即ち北滿鐵道讓渡交渉は四月廿六日第一回中間會商を開いてより滿洲國側より提示した内容を本國政府に請訓したところ大體差支へないとのことで七日回訓到着したので八日第二次會商を開きたいと思ふ

これに對し廣田外相は滿洲國側の[illegible]を多とする旨を述べた について ソ聯大使は

昨年日本側にて抑留したケシコフ丸は（大湊抑留中）釋放されたいと述べ本船を輸送する費用を日本側に於て負擔されたいと述べたが外相は負擔云々には應諾出來かねると拒絶したついで北洋漁區問題に移り遂にルーブル換算率問題の解決を圖りたいと提言したがこれに對し外相はソビエート側の誠意ある反省を促して會見を終つた

かくて一昨年來の懸案たる日蘇間の三大問題も漸々解決の氣運が見られてゐるが唯殘るはルーブル換算率問題のみである

滿洲の門戸開放

[illegible]鮮汽船株式會社の麗水直航船に便乘した記者は天候に惠まれて海路も極平穩に翌五日午前五時二十分晩春の肌觸りも氣持ちのよい朝のすが〳〵しい海の香を吸ひながら麗水港に着いた天惠の深い海灣かに之を抱いて突出する半島の具合は全く釜山港に劣らぬ良港である埠頭近く屹立した丘陵に點在ぶ民家の有樣は一寸繪畫に髣髴たるものがある昨年の暴風害に滅茶〳〵にされた樣相が淋しく其の殘骸をとゞめてゐる何れ相當程度の復舊はされる事ながら[illegible]、栗板等

（水曜日）　第一萬一千八百七十五號　（一）

14

조선 전역에서 처음으로 교육주간을 설정하다

1937년 10월 7일 13112호 2면 7단

각 학교에 소년단 조직 등
시국 인식에 매진하다

부산부에서는 지난번 보도와 같이 7일 오후 1시부터 부산부 청사 대회의실에 부내 각 소학교장 및 보통학교장을 소집하여 초등학교장연합회의를 개최하고, 황거요배皇居遙拜, 부의 지방관 지시 사항 후, 시국 인식강화 지도상의 구체적 방법에 대해 청취 후, 지방관의 지시사항을 중심으로 여러 가지 검토 협의를 시행한다. 지방관의 지시사항은 다음과 같으며 그중에서도 교육주간의 설정은 부산부가 전 조선에서 가장 먼저 실시하려는 것으로 시국이 시국인 만큼 그 성과가 매우 기대된다.

지시사항

1. 교육쇄신에 관한 건
2. 시국인식에 관한 건
   애국일의 설정 등
3. 교육 주간 설정에 관한 건

오는 10월 24일 교육칙어 하사 기념일을 첫째 날로 해서 칙어 발표일인 10월 30일에 걸친 일주일을 교육주간으로 정하고, 기간 중의 주요한 행사로서는 첫째 날인 24일 및 마지막 날인 30일에 교육칙어 봉독식을 거행, 세 번째

날에는 전교생의 신사참배를 실시하고, 전 주간 동안 천황의 말씀을 받들어 생활 구현의 지도를 촉진하고 각 학교마다 독자의 종합적 시설행사를 실시한다.

4. 국어사용에 관한 건
5. 내선일체에 관한 건
6. 교외생활지도에 관한 건
   1교校 1단주의團主義하에 소년단을 조직 한다
7. 체육위생에 관한 건
8. 수업료 징수에 관한 건
9. 부녀자 지도에 관한 건
10. 예산경리에 관한 건

△유언비어에 관한 건

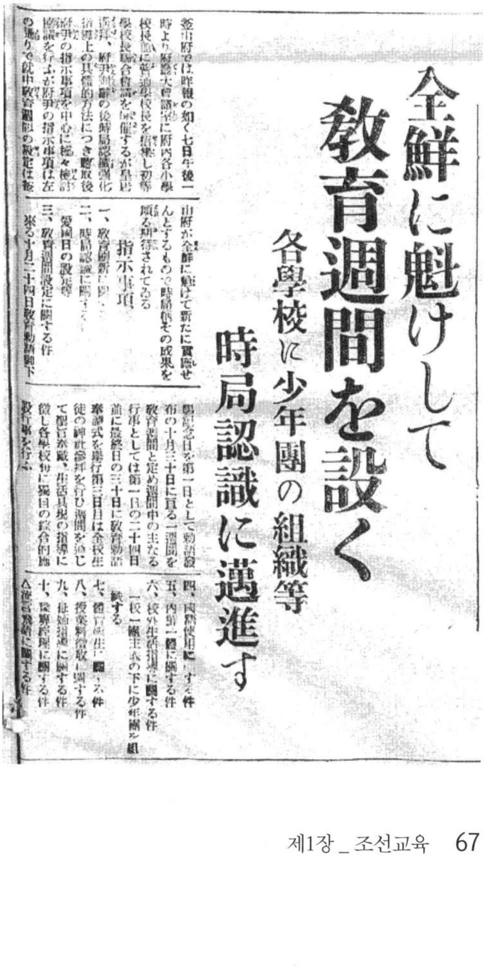

全鮮に魁けして
教育週間を設く
各學校に少年團の組織等
時局認識に邁進す

釜山府では昨報の如く七日午後一時より府廳大會議室に府内各小學校長並に普通學校長を招集し初等學校長聯合會議を開催するが[illegible]、府尹訓辭の後時局認識強化指導上の具體的方法につき聽取後府尹の指示事項を中心に種々檢討協議を行ふが府尹の指示事項は左の通りで就中教育週間の設定は釜山府が全鮮に魁けて新たに實施せんとするもので時局柄その成果を頗る期待されてゐる

指示事項

一、教育刷新に關する件
二、時局認識に關する件
愛國日の設定等
三、教育週間設定に關する件
來る十月二十四日教育勅語御下賜記念日を第一日として勅語發布の十月三十日に亘る一週間を教育週間と定め週間中の主なる行事としては第一日の二十四日並に最終日の三十日に教育勅語奉讀式を擧行第三日目は全校生徒の神社參拜を行ひ週間を通じて聖旨奉戴、生活具現の指導に徹し各學校毎に獨自の綜合的施設行事を行ふ
四、國語使用に關する件
五、內鮮一體に關する件
六、校外生活指導に關する件
一校一團主義の下に少年團を組織する
七、體育衛生に關する件
八、授業料徵收に關する件
九、父姉指導に關する件
十、豫算經理に關する件
△流言蜚語に關する件

15

정부의 양해를 얻어 조선교육 대개혁

1937년 12월 23일 13189호 2면 1단

부산에서 시오바라鹽原 학무국장 말하다

내선일체로 매진하다

보통학교의 개칭 및 대증설 등 반도의 학제개혁에 관한 중요 안건을 가지고 중앙과 접촉하기 위해 도쿄를 방문 중이던 부산부 학무국장 시오바라 토키사부로 씨는 이번에 반도 59개 보통학교에 하사한 진영천황의 사진을 받들어 22일 오전 6시 입항한 연락선으로 조선으로 돌아왔다. 같은 날 아침 7시 30분 잔교부산역 발 노조미 열차로 경성으로 돌아왔는데 철도회관에서 잠시 쉬는 중에 '이번 내선일체에 감사하는 마음으로 조선내 59개의 보통학교에 대해 황송하게도 진영을 하사받는 영광을 입은 것은 그저 감격스럽고 그 인자하심에 참으로 황송함을 금할 길 없습니다'라고 삼가 말씀하신 다음 학제개혁 등에 관해 다음과 같이 말했다.

현안이었던 조선 내의 보통학교 개칭 및 그것의 대증설 계획에 대해 중앙과 접촉했지만 보통학교의 개칭에 대해서는 정부당국도 내선일체의 원칙으로 필요하다며 크게 찬성했으므로 머지않아 실현될 것이라 생각한다. 하지만 이것은 교육령의 개정을 필요로 하여 현재 법무당국에서 구체적으로 입안하고 있지만 아무래도 손이 많이 가므로 연내에는 어려워 그 실현은 내년도가 될 것이라 생각한다. 보통학교의 대증설 계획은 앞으로 5년간에 있어 지금까지 30년간 설립된 학교 수와 동수의 학교를 증설할 예정이며 5년 후에는 현재의 2배가 되는 셈이기에 실현될 때에는 취학 희망자의 전부를 수용할 수 있게 될 것이다. 실시는 예산관계가 있기 때문에 이것까지 잘 되면 내년도부터 착수하고 싶다고 생각하고 있다. 내년도의 학무국 예산의 주된 것은 전문학교, 중등학교 및 전술한 보통학교 증설 등으로 총액은 작년도보다 상당히 증가할 것이라 생각하며 또 대체로 인정될 것이라 생각한다. 학교 증설 가운데, 전문학교 및 중등학교의 신설 입지는 지금으로서는 뭐라고 말할 수 없다. 운운

政府の諒解を得て 朝鮮教育の大改革

內鮮一如に邁進する

釜山で 鹽原學務局長語る

普通學校の改善並にこれが大增設等半島に於ける學制改革に關する重要案件を携へ中央と折衝の爲東上中であつた本府學務局長鹽原時三郎氏は今回半島五十九普校に御下賜の御眞影を捧持して二十二日午前六時入港の連絡船で歸鮮同朝七時三十分後續のぞみで歸城したが鐵道官舍に少憩中

「今回内鮮一如の有難き思召しにより鮮内五十九の普通學校に對し畏くも御眞影御下賜の光榮に浴しましたことは唯々感激のほかなく御仁慈の程誠に恐れ多い極みであります」

と謹話した後學制改正其他に關し左の如く語つた

懸案であつた鮮内普通學校の改稱並にこれが大增設計畫について中央と、折衝を遂げたが、普校の改稱については政府當局も内鮮一如の趣旨から必要であるとて大いに贊意を表されたので遠からず實現することゝ思ふ而しこれについては教育令の改正を必要とするし目下法務當局で具體的に立案してゐるが何れにしても手間取るので年内は難かしくその實現は明年度になることゝ思ふ普通學校の大增設計畫は今後五ヶ年間に於て從來三十ヶ年に於ける設置學校數と同數の學校を增設する豫定であり五ヶ年後には現在の二倍になる譯であるから實現の時は就學希望者の全部を收容し得る事にならう實施は豫算關係があるので之さへうまく行けば明年度から着手したいと考へてゐる來年度の學務局豫算の主なるものは專門學校、中等學校並に前述の普校增設等で總額としては昨年度より相當增加すると思ふしまた大體認容されることゝ思つてゐる學校增設の中、專門學校並に中等學校の新設地は今のところ何とも云へない云々

犧牲者を出したことは講堂に立錐の餘地なき入場者が一時に騒ぎ出し參觀者の出口（裏口北側）が二間位の階に面して行詰つてゐたゝめで同非常口附近に打倒つて多數の死體が發見された

愛とし

六年

16

조선 교육주간

1939년 10월 25일 13847호 2면 10단

24일부터 1주간

10월 24일은 교육에 관한 칙어勅語를 하사한 기념일에 해당하기에 부산부 각 학교에서는 국기게양과 함께 오전 9시부터 칙어 봉독식을 거행, 또한 학교장의 연설이 있었으며 계속해서 1주간의 교육주간을 실시한다. 주간 중 교내, 교외를 통해 비상시국 인식 강화에 힘쓴다고.

朝鮮教育週間

二十四日より一週間

十月二十四日は教育に關する勅語御下付の記念日に當るので釜山府各學校では國旗掲揚すると共に午前九時より勅語捧讀式を擧行更に學校長の講話があつたが引き續き一週間教育週間を、實施する週間中校內校外を通じ非常時局認識の強化に努めると

식민지 교육

2

01

식민지 교육에 대하여(1)

안강공립소학교장 설낙조

1915년 3월 26일 5526호 93면 5단

국가의 발전은 오로지 교육의 여하에 달려있다는 것은 새삼 언급할 필요도 없다. 이를 가까운 예로 보면, 독일이 최후의 승리를 하느냐 마느냐와는 별개로, 연합군을 일방적으로 억누르고, 러시아군을 일부는 요격하고, 또는 무찌르고, 또는 전진하여 막대한 손해를 입힌 것은 신체가 엉망인 위생상태를 견디고 정예무기와 풍부한 물자 때문이라고 하지만, 그 근본을 생각하건대 모두 수십 년 동안 국민교육을 보급한 것에 기인한 것이다.

나는 항상 생각한다. 군주국과 공화국은 완전히 국민의 주의, 방침 및 취하고자 하는 바가 모두 달라 나라라는 관념에서도 큰 우열이 있는 것처럼, 교육에 있어서도 대단히 부끄럽게 생각해야 할 것이다. 교육의 효과에 이르러서는 이를 좋은 방면으로 볼 때는 그 나라의 통합, 활동, 문명 등, 모두 일등으로 뛰어난 독일처럼 우수해지는 것인데, 반면 이를 그르치게 되면 그 활동이 멈추어 문명은 퇴보하여, 조선, 중국, 페르시아처럼 멸망의 나쁜 결과를 보기에 이르게 된다. 따라서 우리 일본을 이상적인 제국이 되게 하려면 말할 필요도 없이 국민교육을 열심히 해서 아침저녁으로 천황폐하에게 몸을 바쳐 대일본제국을 위해 활동한다는 마음속 깊이 확고한 정신을 형성시켜야 한다.

植民地教育に就て

安康公立小學校長　設樂操

（二）

國家の發展は一に教育の如何にあること、今更言ふの必要なし是を邇き例に見るに、獨逸が最後の勝利を得るや否やは別として、聯合軍を一面に抑へ、露軍を一部に邀へて、或は之を破り、或は進んで多大の損害を與へしは身体は不規律の衛生に耐へ武器は精鋭物資豊富なるによると雖も其の根本を考ふるに皆數十年の間に國民教育を普及したる原因たらずんばあらず。

余は常に思ふ、君主國と共和國とは全然國民の主義方針及び總ての師趣を異にし國てふ觀念にも大に軒輊あるが如く、其教育にも頗る恥るべし、其の効果に至つては之れを善なる方面に見る時は其の國の結合活動文明等、皆一等抽んじて獨逸の如く優良となるも、一歩之れを誤りたらんには其活動止み文明退歩し、朝鮮、支那、波斯の如く滅亡の惡果を見るに至るべし此れを以て我日本をして理想の帝國たらしむるには云ふまでもなく國民教育を盛んにし朝に夕に　天皇陛下に對して身を致し大日本帝國のために活動する底の確固たる精神を形成せざるべからず（未完以下次號）

02

식민지 교육에 대하여(2)

경북 안강공립심상소학교장 설낙조

1915년 3월 27일 5527호 91면 1단

조선은 중국에 인접하여 있으니 우리 야마토 민족이 이 땅에 근거를 형성하는 것은 여기에 자손을 번영시키고, 다음으로 발전해야 할 땅, 즉 중국의 각 방면을 향해 이를 옮길 생각을 해야 한다. 마침 내지 일본에서의 각 상속자는 내지 일본에 남고, 스스로 해외로 나와도 괜찮은 사람은 조선에 와서 발전 활동을 하는 것처럼 앞으로 조선에 있는 우리 상속자는 조선에 남고 중국의 각 방면에 나가도 괜찮은 사람은 나가서 그 방면에서 활동해야 한다. 따라서 조선에 있는 사람 혹은 지금부터 조선에 들어 갈 사람은 강인한 의지로 조선내 우리가 원하는 곳, 자신이 선택할 수 있는 곳에 근거를 만들어, 소위 부지런히 경영하여 자손을 번식시켜야 한다. 일확천금의 그날에 귀향을 바라면서 여기저기 유랑하면서 마치 유목민처럼 보이는 것은 실로 삼가 해야 할 것으로 한심하기 짝이 없는 것이다.

조선에 근거를 만들어 서로 부지런히 경영을 하려면 내지인 각자 서로 융화하여 백년계획을 세워 미래 영겁까지 자손을 여기에 번영시킬 생각으로 대규모로 그 토지의 공동경영을 확실히 하고 공공사업을 완성시켜야 한다. 이를 위해서는 일본민족의 발전을 염두에 두고 지방적 감정 즉, 어느 현이나 지방의 규슈, 도호쿠에 상관하지 않고 그 감정을 잊고 서로 의사를 소통하여 암류 암투를 금함으로써 그 땅의 발전을 기해야 한다. 구체적으로는 산야의 공동 경영, 신사불각의 건립, 공원 설정, 부근 도로의 완성, 수리하천의 축조 등을 염두에 두어, 외부에 대해 부끄럽지 않도록 완비하여, 처, 노인, 유아, 부녀자들에게 위안을 주고 귀향하고픈 생각을 없애서 신경쇠약증을 치유하는 방침을 지켜야 한다.

자치의 정신은 어느 땅에 있든지 필요하며 특히 조선이라는 식민지도 그러하다. 소수의 내지인이 모르는 땅에 들어가 약간의 자본으로 근거를 정하여 점차 발전하여 독립하기까지 나아가서 자손의 번영을 도모하는 것은 이미 용이한 일은 아니다. 게다가 위와 같은 공동 경영 이외에 아동 교육을 실시해야 하는 학교를 설립 유지하며 또한 그 땅의 행정적 사업을 경영해야 하는 데 이르면 그 곤란은 이루 말할 수 없는 것이다.

日刊

寄書

植民地教育に就て

慶北安康公立尋常小學校長 設樂操

(二)

朝鮮は支那に隣接するを以て我等大和民族にして此の土に根據を形成するものは茲に子孫を繁榮せしめ次に發展すべき地即ち支那の各方面に向つて此れを移す考へなかるべからず、恰かも內地に於ける各相續者は內地に殘り進んで海外に出で丶差支へなきもの丶朝鮮に來りて發展活動するが如く將來朝鮮にある我等の相續者は朝鮮に殘り支那の各方面に出で丶差支なきものは出で丶其の方面に活動すること丶せざる入からず故に朝鮮にある者或は此れより朝鮮に入るものは强固なる意志を以て朝鮮內已れの欲する處、已れの撰べる處に根據を作り所謂拮据經營以て子孫を繁殖せしめざるべからず、一攫千金の慨に歸鄕を企て轉々流浪して恰かも遊牧の民の狀態を現ずるは誠に忌むべきことにして寒心に堪へざるところなりとす

朝鮮にありて根據を作り互に拮据經營をなさんには內地人各々相融和し百年の計を建て未來永劫子孫を茲に繁榮せしむる考より大規模に其の地の共同經營を確實にし公共事業を完成せしめざるべからず、此れが爲には頭を大和民族の發展に置き地方的感情乃ち縣の何れなるに拘らず地方の九州、東北に關せず其の感情を撤し互に意思を疎通し暗流暗鬪を戒め以て其地の發展を期せざるべからず具体的に述ぶれば山野の共同經營、神社佛閣の建立、公園設定附近道路の完成、水利溝渠の築造等を念頭に置き、外に對して耻しからざるまで完備ならしめ、內老幼婦女子をして慰安を與へ歸鄕の念を去らしめ神經衰弱症を治癒するの方針を執らざるべからず

自治の精神は何れの地にありても必要なり殊に朝鮮に於ける植民地に於て然りとす、僅かの內地人の知らぬ地に入り僅かの資力によりて其根據を定め漸次發展して獨立の域に進み以て子孫の繁榮を計るは既に容易の業にあらず而かも如上共同經營の外に兒童の敎育を施すべき學校を設立維持し尙其地の行政的事業を經營せざるべからざるに至つては其の困難名狀すべからざるなり

03

식민지 교육에 대하여(3)

경북 안강공립심상소학교장 설낙조

1915년 3월 28일 5528호 91면 1단

그러나 가장 필요한 교육 사업은 점점 이를 발전시켜야 한다. 필요한 공공 사업은 한 치의 차질도 있어서는 안 된다. 일부의 행정은 정리를 게을리 할 수 없으며 따라서 거주자 일반에게 자치단체의 조직 경과 유지 등에 큰 주의를 기울여 현재의 아동이 세상에 나갈 무렵에는 관의 힘을 빌리지 않고 독립 자영의 소임을 다함에 이르도록 지금부터 그 정신을 특히 고취해 두어야 한다.

일본민족의 발전과 조선인 우대와는 충돌한다. 하지만, 우리도 인류이며, 조선인도 인류이므로 따라서 인류로서 서로 사랑하고, 인류로서 서로 위하고 동화하는 것은 조금도 충돌할 일이 아니다. 게다가 조선인으로 산업을 발달시켜 물자를 풍부하게 함으로써 일본민족 발전의 밑바탕이 되게 하고, 그들의 구매력을 증진시켜 온순하게 활동하게 함으로써 일본 민족 발전에 도움이 되어야 한다. 섣불리 이를 배척하고 멸시하여 그들을 가혹하게 대하는 것은 좋은 대책이 아니다.

식민지에 있어서는 내지 일본처럼 제재도 없고 압박도, 사양도 없이 여하튼 품성이 열등하여 방종, 안일한 생각으로 흘러, 태만에 빠지고 진취의 기상도 멸각하기에 이르는 것을 예로 한다. 아동처럼 조선인을 동화하는 것은 고사하고, 오히려 오점만 동화시켜, 전혀 내지와 같은 활기가 없으며, 기운이 없게 되는 것과 같다. 이는 심각한 것으로 피는 순수하다고 해도 그 정신과 두뇌는 완전히 퇴화하여, 마침내 두려운 결과에 빠지게 된다. 이것은 어쩌면 다수자에 대하여 그런 소수자가 어쩔 수 없이 나온다 해도 이들은 야마토 민족의 권위와 세력을 멸각시키는 사람으로 일부 부패한 것은 숨겨서는 안 될 일이다. 이것을 요약하면 식민지라 하더라도 항상 첫 번째 국민으로서, 두 번째는 야마토 민족의 한 사람으로서, 세 번째는 식민지 부락에 있어서의 한 사람으로서, 네 번째는 인류로서의 네 가지 경우에 적합한 인물을 만드는 것은 재조선 내지인 교육의 요지로 하고, 특히 야마토 민족 발전책에 중점을 두고 강고한 의지를 양성하여 영주하려는 생각을 고취시키고 이상적이고 우량한 정신도치를 행하여야 하는 것에 유념해야 한다.

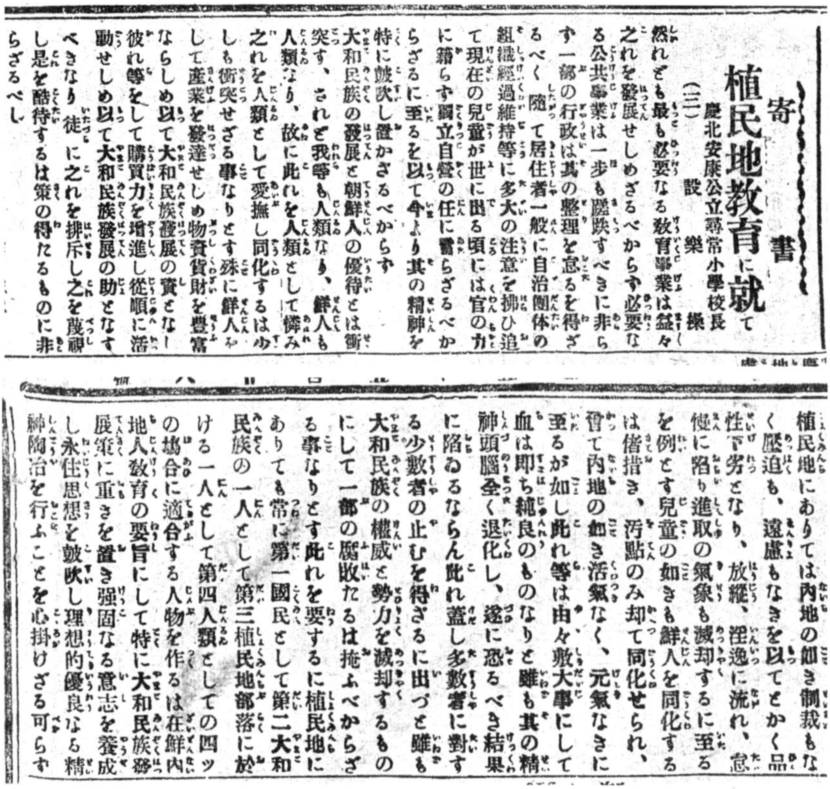

寄書

植民地教育に就て（三）

慶北安康公立尋常小學校長 設樂 操

然れども最も必要なる教育事業は益々之れを發展せしめざるべからず必要なる公共事業は一歩も躐跌すべきに非らず一部の行政は其の整理を怠るを得ざるべく隨て居住者一般に自治團体の組織經過維持等に多大の注意を拂ひ追て現在の兒童が世に出る頃には官の力に籍らず獨立自營の任に當らざるべからざるに至るを以て今より其の精神を特に皷吹し置かざるべからず

大和民族の發展と朝鮮人の優待とは衝突す、されど我等も人類なり、鮮人も人類なり、故に此れを人類として憐み之れを人類として愛撫し同化するは少しも衝突せざる事なりとす殊に鮮人をして産業を發達せしめ物資貨財を豊富ならしめ以て大和民族發展の資となし彼れ等をして購買力を增進し從順に活動せしめ以て大和民族發展の助となすべきなり徒らに之れを排斥し之を蔑視し是を酷待するは策の得たるものに非らざるべし

植民地にありては內地の如き制裁もなく壓迫も、遠慮もなきを以てとかく品性下劣となり、放縱、淫逸に流れ、怠慢に陷り進取の氣象も滅却するに至るを例とす兒童の如きも鮮人を同化するは偖措き、汚點のみ却て同化せられ、曾て內地の如き活氣なく、元氣なきに至るが如し此れ等は由々敷大事にして血は即ち純良のものなりと雖も其の精神頭腦全く退化し、遂に恐るべき結果に陷ゐるならん此れ蓋し多數者に對する少數者の止むを得ざるに出づと雖も大和民族の權威と勢力を滅却するものにして一部の腐敗たるは掩ふべからざる事なりとす此れを要するに植民地にありても常に第一國民として第二大和民族の一人として第三植民地部落に於ける一人として第四人類としての四ッの場合に適合する人物を作るは在鮮內地人敎育の要旨にして特に大和民族發展策に重きを置き强固なる意志を養成し永住思想を皷吹し理想的優良なる精神陶治を行ふことを心掛けざる可らず

04

식민지의 교육행정

다케베建部 문학박사가 얘기함

1917년 10월 3일 6383호 1면 3단

이번 조선 및 관동도독부關東都督府의 촉탁을 받아 조선으로 오게 되었는데, 조선에서는 우선 경성에 들어온 다음, 다시 호남 각지에 이른 다음, 경원선을 타고 다시 경성에 돌아와 북행, 이 일정 약 35일간 관동도독부 관내를 10일간 도합 5주간 예정이다. 시찰의 목적은 교화, 행정 즉 교육, 종교 등 넓은 의미에 있어서

▲ 사회정책의 문제이다.

조선에 온 것은 이번이 처음이며 이전에는 책을 보거나 혹은 사람을 통해 전해들은 정도이다. 따라서 25일간 방문으로 어떤 의견을 내는 것은 부족하겠지만, 일견한 바로는 일본 내지와 거리가 가까워 모든 것이 내지와 가까운 것처럼 생각된다. 물론 일본 내지와는 비교가 안 되지만 대만과 비교하면 교화는 용이할 것이다. 타이완은 항상 건너편 중국의 선동과 교사를 받는 경우가 심할 뿐만 아니라 조선에 없는 원주민이라는

▲ 정치상의 어려운 과제가 있다. 같은 대만에서도 복건민족과 광동민족은 그 민족성이 크게 다르므로 교화행정상으로도 그 자체로 달라져야 할 것이다. 같은 조선민족이라 하더라도 경계가 중국에 접하는 조선 북부 특히 자주 문제를 일으키는 간도 주민과 조선 남부방면의 주민은 가끔은 민족성이 매우 다르지 않는가. 아무리 조선이 타이완보다

▲ 교화가 용이하다고 해도 방심은 금물이다. 조선에 있어서의 교화행정이 어디까지 미치고 있는지 혹은 어디에 결함이 있는지는 시찰을 마친 후가 아니면 판단할 수 없는 문제이다. 조선총독부로서도 나에게 그저 교화행정을 봐달라고 하는 정도의 촉탁은 아닐 것이라고 생각한다. 그래서 나는

▲ 학자의 입장으로서 연구해서 얻은 부분은 직언할 각오이다. 물론 학자라고 해서 시비에 관계없이 반대의견을 내야 할 이유도 없다. 오히려 나의 시찰 결과가 총독부로서 조금도 얻는 바가 없이 즉 내가 시비할 여지가 없기를 국가를 위해 희망하기 때문이다. 원래 교화행정은

▲ 백 년의 대계를 수립하지 않으면 안 된다. 교육은 국가를 위해서 만년의 토대를 여는 것이다. 종교는 또한 민심을 지배하는데 절대적인 힘을 가지고 있다. 이미 교육이 국가태평의 초석을 놓는 것이고, 종교는 민심을 지배하는데 힘이 있다고 한다면 민족성과 조화된 교화행정을 취해야 할 것이다. 생각해 보면 교화행정은 경시할 수 없는 긴요한 문제가 아니겠는가. 운운

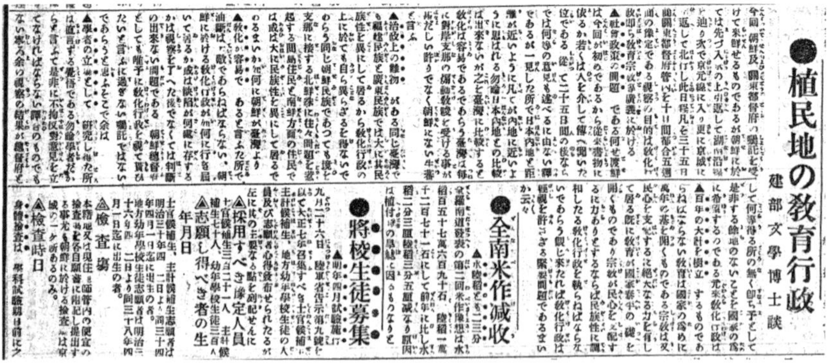
●植民地の教育行政

建部文學博士談

●全南米作減收

●將校生徒募集

05

식민지의 교육을 보고

홍대무변鴻大無邊한 성은을 우러르

1917년 10월 12일 6392호 91면 4단

후쿠이현福井県 교육시찰단은 10일 밤 배편으로 내지를 향해 출발했는데, 연락선 고려환高麗丸에서 시찰 소감에 대해 동 단체 대표자인 후쿠이현 오다 데쓰지로 씨는 동행하는 기자에게 말하기를,

▲ 교육시찰이라고 해도 실제 시찰한 날짜는 겨우 2주일에 지나지 않는다. 이렇게 단시일에 대련, 여순, 영구, 봉천, 장춘, 안동, 평양, 경인지방 등지를 시찰했기에 도저히 모두 정리해서 말할 순 없다. 하지만 처음 조선의 땅을 밟았을 때 제일 먼저 느낀 것은 대략 식민지의

▲ 학령 아동이 내지의 아동에 비해 진취적 태도가 있다는 것이다. 즉 수업 시간중이든 휴게 시간중이든 모든 아동의 일거수일투족은 실로 발랄하다. 이러한 활발한 아동은 왜 그런가하고 생각하건대, 이것은 분명히 식민지에서의 일반상태가 수수방관할 수 없기 때문일 것이라 생각한다.

▲ 교육정도에 대해서는 꽤 내지에서도 여러 가지 소문도 듣고 또한 호리우치 중장도 식민지의 교과서에 대해서 여러 가지 의견을 얘기하고 있지만, 어쨌든 소문으로 들은 것과 실제와는 현격한 차이가 있으며, 또한 그 정도가 진보하고 있는 것은 우리들 교육자로서 매우 괄목할 만한 것이라 생각하며, 매우 흥미를 끌었다. 더구나 조선인 교육에 대해

▲ 국어의 가르침이 충분히 철저하며 착착 성공을 거두고 있는 것처럼 판

단한 것은 실로 기쁠 따름이다. 식민지 정책상의 기초로서는 반드시 국어의 보급이 중요한데 특히 천황의 은혜의 감사함을 느끼며 도처의 조선 아동이

▲ 국가 기미가요를 부르는 것이다. 게다가 그것이 합병 후 아직 얼마 되지 않은 현재 조선 아동의 입에서 국가를 듣는다는 것에 실로 형언할 수 없는 쾌감과 숭고함을 느끼며, 새삼스럽게 성은의 광대무변함을 우러러 보았습니다. 운운

●植民地の教育を視て
洪大無邊の聖恩を仰ぐ

福井縣教育視察團は十日夜航便にて内地へ向け出發したるが連絡船高麗丸にて視察の所感に就き同團體代表福井縣視學小田鐵次郎氏は往訪の記者に談つて曰く

▲教育視察 と云つた處で實際視察に費した日子は僅々二週間に過ぎず此の短時日中に大連、旅順營口、奉天、長春、安東、平壤、京仁等を視察したのであるから到底取纏めた事を語ることは出來ぬ、然し始めて朝鮮の土地を踏んだと云ふ第一に感じたのは概して植民地の

▲學齡兒童 が内地の兒童に比して進取的態度のある事である則ち教授時間中も云ひ休憩時間中も云ひ全兒童の一擧手一投足は實に潑剌たるものである、斯うしたキビキビとした兒童は何に依つて然るかを考ふるに是は確かに植民地に於ける一般狀態が袖手傍觀的にして居られないからであろうと思はれる

▲教育程度 に就いては隨分内地でも種々な噂も聞き又堀内中將も植民地の教科書に就いていろく意見を述べられて居た樣だが兎も角噂さに聞いてゐたものと實際とは非常な懸隔があつて而も其の程度も亦進歩して居る事は私等教育者として大に刮目すべきものだと思つて尠からぬ興味を惹いた、尚鮮人教育に對し

▲國語の教授 が遺憾なく徹底されつゝありて着々成功を收めつゝあるやうに見受けたのは誠に喜ばしい次第である、植民地政策上の基礎としては是非共國語の普及と云事が大切と思ふが殊に泌々と皇恩の有難さを感じたのは到る處の鮮童が

▲國歌君が代 を謳唱する事である而も其れが合併後未だ幾何もならぬ今日鮮童の口から國歌を聞くと云ふ事は實に何とも言へない快感と崇高とを覺へ今更らながら聖恩の洪大無邊なるに伏仰ぎました云々

●感化院の設置

▲大村檢事正の談

司法官會議に出席し一昨夜歸任したる大村高地方法院檢事正は語つて曰く、今回の會議は主に事務上の打合せや近々開設さるゝ出張所の職員異動等に關しての打合せであつたが中には不良少年收容感化院の事項があつた法律上十四歳未滿の犯罪者は所罰することが出來ないので將來を戒めて釋放するのであるが這は將來の犯罪者の卵となるべきもので現に釜山には近此種の不良少年が百三十三名程あるやうだ之等は唯將來を戒めて釋放するに止めず感化院の設置をなし之れに收容する方法を講ぜねば不可能であるが感化院設置の費用がないから地方有志の協力を得て早晩之れが設置をする考へである云々

●總督新羅舊都
今朝

既報したる如く長谷川朝鮮總督は齋藤大島兩副官、神田秘書官、藤波通譯官、憲兵二名を隨へ十一日午後四時五分

△普通列車 にて來着されたり、今回の旅行に就ては豫て送迎を辭退されゐたるも市内各官公衙の主腦者及び在鄉軍人役員等大邱驛に出迎ふ、總督は出迎者に對し一々會釋となしつゝ旅館唯屋に入りたり

△新羅の舊都へ 唯屋旅館に一泊されたる長谷川總督一行は今朝午前八時大邱出發自動車にて新羅

3
여성교육

01

여성교육의 변혁

조만간 실현되는 여학교령 개정에 대해

1920년 4월 6일 7248호 1면 2단

곧 여학교법령이 바뀌어 여성교육의 대개혁이 이루어질 것인데, 세간에서는 4월부터 실시될 것으로 여기는 듯하다. 하지만 추밀원樞密院을 통과하지 않았기에 현재는 언제부터 새로운 여학교법령이 시행될지 알 수 없다. 또한 그 개혁령은 작년 가을 여학교 교장회의에서 결의한 여자고등교육이라든지 전국 여학교 교수법의 획일주의 타파라든지가 주된 것인지, 어디까지 인정될지도 모르는 일이다. 고등교육에 대해 여자고등학교를 신설하여 대학의 예비로 할지 또 각 여학교에 고등과를 설치하여 남자의 중학 7년간과 동등한 것으로 할지도 문제다. 획일 타파에 대해서는 조만간 실행될 예정인데 이것도 그 지방의 상황에 따라 필수과목을 자유로이 정할 수 있게 할지, 또한 거기에 3학년 정도까지는 기초학만 가르치고 4, 5학년에 이르러 수예나 문학, 과학등 학생의 희망에 따라 학급을 나누도록 할지, 현재 어느 정도까지 인정할 수 있을지 모르며, 지방 사정에 따라 서서히 실시될 것이다. 우선 인재와 경비 측면도 고려해야 할 것이라고 모 여학교 교장은 말했다.

女子教育の變革

早晩實現される

女學校令の改正に就いて

近く女學校令が變更されて女子教育上に大改革が行はれる筈であるがそれが此の四月から實施される事のやうに

世間で

は思つてゐるやうである、然し未だ樞密院を通過してゐないので、今の處何時から新しい女學校令が實行されるかわからない、またその改革令は、昨年の秋の女學校長會議で決議した女子高等教育とか、全國女學校教授法の畫一主義打破とかゞ主なるものであるか何處まで認められるかもわからないことである高等教育について

女子の

高等學校を新設して大學の豫備にするか、または各女學校に高等科を設けて男子の中學七年間と同等のものにするかも問題である、畫一打破に就ては早晩實行されることであるが、これも其地方の狀況に依りて必修科目を

自由に

定め得るやうにするか、または尚その上に三年位までは基礎學を專らに敎へ四年五年に至つて手藝とか文學とか科學とか生徒の希望に依つてクラスを分つやうにするか、今の處何の程度まで認められるかわからない、土地の事情によりボツ／＼行はれるのであらう第一人材の上からも經費の上からも考へなければならない事であると某女學校長は語つた。

02

조선의 여성교육에 대하여

1921년 4월 15일 7482호 1면 2단

이모카와芋川 대구고등여학교장이 말하기를 '나는 일본에서 약 30년간 교육계에 계속 봉직하였고 그 후 조선에서도 이미 10년 정도 근무하고 있는데 조선사정에 대해서는 전후 4년간 조선인 여자의 고등보통교육에 종사했으므로 그 가정의 이면까지도 들어가 연구할 수 있었다고 봅니다. 재작년부터는 대구고등여학교에 임명되어 소위 식민지에서의 일본인 여성교육에 종사하고 있는데, 그동안 저도 조선인 교육과 일본인 교육의 차이점에 대해서도 잘 이해할 수 있었습니다. 그런데 이 여성교육이라는 것은 대단히 어려워서 매우 미묘한 부분까지도 충분히 주의를 기울여야 할 점이 많습니다. 하지만 저는 어느 정도까지는 새로운 말투, 머리 모양, 복장에 대해 까다롭게 하지 않을 방침입니다. 나이가 있는 사람은 '요즘 여학생은 허영을 즐긴다'고 말하지만, 그들도 역시 그 이전의 나이 드신 분으로부터 여러 비평을 받아 온 사람들입니다. 이리하여 시대는 매년 진행하기에 어쩔 수 없는 것 같습니다. 그래서 저는 요즘 항상 그렇게 생각하고 있습니다. 앞으로 점차 해를 거듭함에 따라 학생들 대부분이 일본을 모른 채 재학하고 졸업하여 그대로 가정으로 들어가는 사람도 다수 생길 수 있으므로 앞으로는 일본으로 가끔 수학여행 정도는 시켜야겠다고, 그래서 가능한 한 모든 점에서 일본과 큰 차이가 없도록 교육방침을 채택하는 것이 좋을 것이라고 늘 생각하고 있습니다.

るにあらずと然り之れ社會乃至政治組織の異なるが爲めにして夫れの國家經濟並に人民經濟上の生活或は一國に於ける自由又は權利思想の進展其他財政上の狀態よりして如上の差異を生ずるは實に止むを得ざることに屬す例へば自由思想發達せずして財產の安固ならざる國に於ては重に土地耕作者の負擔に歸したりと雖も之れに反し農民の自由獨立の特權を有する國に於ては財產稅の制度を採用したるが如し故に租稅制度は其國に依つて差異を生ずると同時に其意義に於ても又同意義に解すべからざる也況んや吾國の淵源甚だ遠く國礎の根底又他國に比すべからざるに於てをや

朝鮮の女子教育に就て

李川大郎高等女學校長曰く「私は內地からズツと引續いて約三十年間敎育界に奉職し朝鮮に於ても爾來既に十ケ年計りも勤めて居りますが朝鮮事情と云ふ點に就ては前後四ケ年朝鮮人女子の高等普通敎育に從事した關係上可なり其家庭の裏面にまでも立入つた研究が出來て居ると信じます處が一昨年からは又當女學校に任命されて所謂殖民地に於ける內地人女子敎育に携つて居ますが此間自ら鮮人敎育と內地人敎育との異る點に就ても能く了解することが出來ました、處で此女子敎育と云ふことは非常に六ケ敷い仕事でありまして頗る微妙なる點にまでも充分の注意を拂は無ければならぬことが澤山にあります併し私は或る程度までは新らしい言葉使ひだとか髮の束ね樣だとか服裝だとか云ふ方面に對しては八ケ間敷く言はない方針です世上の先輩者は「ヤレ今の女學生は虛榮を好む」とか何とか評しますが夫等の先輩者とても矢張其の以前の先輩者から色々なる批評を受けて來た人達であります斯くして時代は年々歲々進みつゝあるのでありますから已むを得ないことであらうと思ひます、で私は近來常にさう考へて居ります今後追々年を重ぬるに從つて學生の全部が殆んど內地と云ふものを知らないで在學し卒業し而して其儘家庭の人と爲り終る者も多數に出來て來ることであらうと思はれるので將來は時折內地に向つても修學旅行位はさせなければなるまいと、乃で成る可く凡べての點を內地のそれと餘り大した相違の無い樣な敎育方針を採り度いものと始終さう考へて居るのであります(支社發)

道知事會議 召集

總督府にては來る二十二日より二十五日迄四日間各道知事を召集し總督統裁の下に第二會議室に於て道知事會議を開會するに決定せるが日程其他は一兩日中に發表せらるべし

道警察部長會議

總督府にては各道警察部長を本府に召集し來る二十七日より四日間赤池警務局長統裁の下に警察部長會議を開會する

03

여성교육을 위해 부산고등여학교의 확장은 이러한 이유로 필요

부산고등여학교 안도安藤 교장 말하다

1923년 7월 6일 8156호 2면 7단

부산고등여학교의 학년 연장 및 학급증가의 두 가지 문제에 대해 안도 여학교장의 말씀을 들은 바 "여성교육이 대단한 기세로 진보해 왔다. 현재 본교의 장래에 대해 충분한 연구가 이루어지지 않은 점은 실로 이상합니다. 그런데 귀 신문사가 이번 연구의 단서를 열어 주신 점은 매우 감사할 따름이다"라고 전제하며, 첫 번째는 학제 문제로, 5년제로 할지 4년제로 할지의 문제는 그 지방의 상태와 여성교육의 추세에 따라 생각해야만 한다. 현재 일본에서는 5년제 학교가 약 60개교이며, 부산정도의 대도시에서는 대체로 시행되고 있습니다. 또한 그 외에 고등과를 설치한 여학교가 약 30개교가 있습니다. 본교 졸업생 중 상급학교로 진학하고 싶어 하는 사람이 약 50퍼센트입니다만 이는 이 지방에 고등과가 있으면 더 많을지도 모릅니다. 어느 쪽인지 곧 학부형의 희망을 알아보려고 합니다.

조선 내에서는 현재 5년제도 고등과도 없습니다만, 내년도부터는 경성고등여학교가 5년제가 됩니다. 본교도 5년제로 하기에 좋은 시기가 아닐까 생각됩니다. 특히 4년제인 본교의 졸업생이 상당히 우수한 상급학교에 지원해도 별 문제가 없었으므로 저로서는 꼭 4년 5년 병행 제도를 만들 수 있다면 학생의 행복에 있어 그 이상 바랄게 없다고 생각합니다.

두 번째는 입학지원자를 가능한 한 많이 수용하기 위해 학급을 늘리는 것이 시급합니다. 이 지방 사람들이 진지하게 자신의 딸을 여학교에 입학시키고 싶어 하거나 또 여성의 건강을 생각한다면, 본교 지원자에게 과도한 입학시험 준비를 시켜야되는 수용력이 적은 여학교로 두는 것은 인도적인 면으로나 국가적인 능률면에서도 큰 문제라 생각됩니다. 남자라면 다른 곳에도 보낼 수가 있겠지요. 그러나 나이 어린 여성을 다른 곳으로 유학시키는 것은 힘든 일입니다. 그래서 당분간 4학급 병행을 제3학년까지로 하고 제4학년 이상은 3학급 병행으로 하면 된다고 생각합니다.

세 번째로 내용 문제인데, 우수한 교사를 선발하지 않거나 시설을 제대로 갖추지 않으면 오히려 불행한 교육을 받게 됩니다. 특히 운동장, 이과, 가사 등의 시설은 아무래도 이사들의 특별한 고려와 영단이 있어야 합니다.

그래서 네 번째로 그 경비의 출처인데, 현재의 조합으로서는 무엇인가 정리나 단행을 하지 않으면 안 되는 것이 분명하므로 저로서는 본교를 관립 또는 도립으로 하여 충분한 설비를 갖추든지 그것이 안 된다면 인건비 전부를 지방비 또는 국고 부담으로(국고 쪽이 좋겠지요) 하고 물건 비용은 조합이 담당하여 대대적으로 본교의 설비를 확장하는 것이 좋다고 봅니다만 이것은 당국과 이사인 부산부 지방관 및 조합의원 분들이 많이 연구하여 당사자인 우리가 안심하고 기꺼이 해 나갈 수 있도록 해야 합니다.

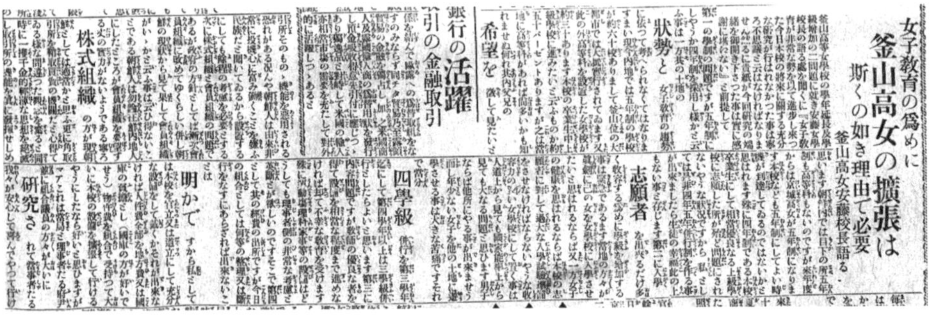

女子教育の爲めに
釜山高女の擴張は
斯くの如き理由で必要
釜山高女安藤校長語る

04

여성교육과 성인처녀

문부성 근본방책 세우다

1926년 9월 7일 9170호 1면 3단

문부성에서는 근래 사회 교육적 견지에서 우리나라 여성교육의 시급함을 통감하여 착착 그 실현을 위해 계속 노력하고 있는 것은 이미 보도한 바와 같은데, 최근 그 근본적 대책을 수립한 것 같다. 즉 당국의 의향에 의하면 여성교육이라는 것은 학교교육이나 사회교육에 있어 남성의 교육과 그 취지를 크게 달리하고 있다. 이런 까닭에 현재 사회교육이라는 견지에서 미혼 여성과 기혼 여성은 크게 구별해야 한다. 따라서 미혼자와 기혼자를 묶어서 하나로 취급하는 것은 반드시 타당한 방법은 아니기에 당국의 의향으로는 이를 둘로 나누어, 한 쪽의 여성청년회에서는 전국의 미혼자 즉 여성청년을 통일하고, 다른 쪽 여성 성인교육에 있어서는 기혼자 즉 일가의 주부를 규합하여 양쪽이 함께 일하게 하여 전국 여성교육의 진전을 실현하려고 하는 계획이다. 따라서 그 교육내용에 있어서는 새로운 시대에 처하여 필요한 여성 교육인 것으로 보통학의 지식, 직업적 지식의 향상은 물론 공민교육의 필요도 간과할 수 없으며 당국의 의향은 오히려 후자를 매우 중요시하고 있는 것 같다.

女子教育さ成人處女

文部省の根本方策成る

文部省では近來社會教育的見地から我國女子教育の急務を痛感し着々その實現に努力しつゝあるこさは既報の如くであるが昨今その根本的方策が樹立した模樣である即ち當局の意向に依れば女子教育さ云ふ事は學校教育にありても又社會教育にありても男子の教育さ非常にその趣を異にしてゐる此の故に今社會教育さ云ふやうな見地から考へても未婚の女子さ既婚の女子さは大いに差別しなければならぬ而してその關係から未婚者さ既婚者さを一纏めにして一樣に是を取扱ふ事はあながち妥當な方法ではないから當局の意向では之を二分し一方女子靑年團の方では全國の未婚者即ち女子靑年を統一し他方女子成人教育にありては既婚者即ち一家の家婦を糾合し兩々相合して全國女子教育の進展を實現しやうさ云ふ計畫である而して其の教育內容にありては新時代に處して必要なる女子の教育さ云ふ事で普通學の知識職業的知識の向上は勿論公民教育の必要も看過すべからざる所で當局の意向さしては寧ろ後者を頗る重大視してゐる模樣である

05

여학교 교육의 결함

나카야마中山 교사 이야기

1929년 2월 3일 1면 2단

현재 여학교에 불만을 느끼는 것은 학과에서 남자 중학교에 뒤떨어질 뿐만 아니라 실제 방면에 있어서 주부로서의 일상생활적인 기능 교육에도 철저하지 못하다는 점입니다. 여학교가 도움이 되지 않는다는 일반적인 여론은 실로 이 생활상의 실제 기능 즉 재봉이나 요리 같은 것을 할 수 없기 때문입니다. 그러나 만약 학과 쪽을 중학교처럼 한다고 하면 저는 그 또한 괜찮다고 생각합니다만 사실은 학과도 제대로 하지 않고 동시에 실과도 그렇기 때문에 이런 상태로는 여학교로서의 존재 의미가 없어지는 것입니다. 따라서 생각건대 요즘 여학교 교육을 개선하는 데에는 두 가지 방법이 있습니다. 하나는 흔히 말하는 실제화라는 것으로 여학교의 교육을 더욱더 실질적으로 실제생활에 적합하도록 이른바 실과중심으로 하는 것과 또 하나는 차라리 여학교의 교육을 학과중심으로 하여 실과적인 것은 졸업 후 따로 개설된 전문적인 곳에서 배우도록 하는 것인 이 두 가지라고 생각합니다. 그리고 학문의 실제화가 오늘날 필요하다는 것은 말할 필요도 없으나 현재도 이미 중학교와는 비교가 되지 않을 만큼 정도가 낮은 여학교의 학과를 더 낮추는 것은 어찌된 일일까요. 오늘날에도 학문적으로 남녀 사이에 상당한 차이가 있는데 그 차이를 더 크게 만드는 것은 생각해 봐야 할 문제가 아니겠습니까? 그래서 저는 오히려 여학교는 학과만을 가르치고 실과는 별도로 보습과나 어떤 다른 이름으로 가정생활에 필요한 실과만 단기간에 습득하도록 하는 것이 가장 적합하다고 생각합니다.

女學校

教育の缺陷

中山教諭談

現在の女學校に不備に感ぜられますことはこの學科に於て男子の中學校に劣るのみならず實際の方面におきましても主婦としての日常生活的技能の教育が甚だ徹底を缺いてゐる點だと思ひます女學校に役に立たないといふ一般の世評は實にこの生活上の實際技能即ち裁縫とかお料理とかいふものが出來ないからですしかし若し學科の方から學問的にいつてゐるなら私はも

大邱馬山城地方に多く火災保險會社と連絡ある消防組が組頭組員等の手を經て保險會社の契約更改期に勸誘を試みつゝあるのである昭和會では夙に此の弊を認め消防組には代理店を許可せざる事に申合せてあるが二三の火保會社では組頭との間に個人的に代理店契約をなし組頭は事實上組員を手先に使つて店積せしめつゝある模樣であるから申合せの效果を失つて居る而してかくの如きは三四年前帝國火災の行つた例もあり協定違反事件として重大視せられ居るから昭和會としては近く何事か適當な措置を執ることになる模樣である因に右協定違反會社としてにらまれて居るものは中央火災傷害外二三社であるが所謂大會社にあらざるため今日まで放任されてあつた由である

06

여성교육의 개선

중학안 결정 후 바로 착수하다

1929년 5월 12일 10116호 1면 3단

중학개선안은 현재 문교행정심의회에 심의 중이지만 곧 개최되는 특별위원회에서 거의 결정이 날 것이지만, 문부성에서는 계속해서 사범교육 및 여성교육의 개선을 위해 다음 단계로 나아갈 것이다. 특히 여성교육에서는 현재의 여학교 출신자가 가정적 실무에 전혀 도움이 되지 않는다는 사회 일반의 비난을 감안하여 교육의 실제화를 목표로 실과 과목에 더 많이 힘을 쏟아야 하고 또 일반학과는 이것을 실생활에 결부시킨다는 점에 중점을 두고 있기에 여성교육의 개선이 매우 기대할 만하다.

女子教育の改善
中學案の決定後
直に着手する

07

여성교육 개선책을 협의

1929년 5월 16일 10120호 2면 4단

(도쿄전보) 문부성에서는 오는 6월 3일부터 5일까지 3일간 전국 공사립고등여학교장 및 실업고등여학교장을 소집하여 회의를 개최하기로 하여, 오는 15일 전국 각부현의 지방장관 및 각 식민지장관에게 그 취지를 통보하고, 동 회의에서 쇼타 문부대신은,

여성의 중등교육에 관해 개선을 요하는 사항 및 그 방법 여하

등의 자문사항을 제출하고 이에 대한 협의를 거듭할 예정이었으나 참석자가 약 천 명을 웃돌아, 회의장은 제국대학의 야스다강당으로 할 예정이다.

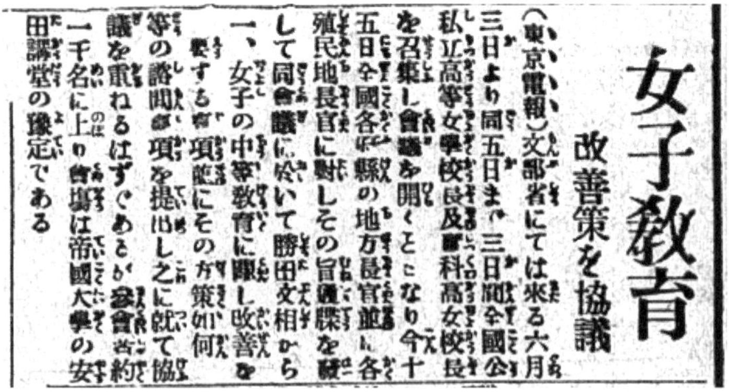

女子教育
改善策を協議

（東京電報）文部省にては來る六月三日より同五日まで三日間全國公私立高等女學校長及實科高女校長を召集し會議を開くことなり今十五日全國各府縣の地方長官並に各殖民地長官に對しその旨通牒を發して同會議に於いて勝田文相から

一、女子の中等教育に關し改善を要する事項並にその方策如何

等の諮問事項を提出し之に就て協議を重ねるはずであるが參會者約一千名に上り會場は帝國大學の安田講堂の豫定である

08

여성교육 개선(1)

획일타파가 급선무

1929년 5월 25일 10129호 1면 1단

미와다 모토미치三輪田元道 씨 이야기

나는 우리나라 교육계의 폐해는 관학 존중과 획일적 교육에 있다고 생각한다. 오늘날의 교육은 아시는 바와 같이 학과과정에서 수업시간 수까지 전국이 일정하게 획일화 되어 있어, 거기에는 지방적 관계도 가정의 환경도 개개인의 개성이라는 것도 전혀 개의치 않는다는 것이다. 나는 교육은 이 지방과 가정과 그 사람의 개성에 확실히 뿌리를 두지 않으면 살아있는 교육은 아니라고 주장하는 바이다. 그리고 관학 편중의 폐해는 현재의 문부 행정이 철두철미하게 사학 활동을 구속하고 있기에 일어나는 것이다. 예를 들면 수업료라는 것도 문부대신의 허가를 받아야 하는 것이 현 상황으로, 더구나 현재의 학교는 중등학교를 보면 공립학교의 학생 한 명에 필요한 1년간의 비용은 약 100원인데, 학생으로부터 징수하는 수업료는 30원에 지나지 않기 때문에 한 명의 학생에 대해 국가는 연 70원 정도씩을 부담해야만 한다. 이에 대해 사립학교의 수업료는 60원 정도 받고 있으나 공립과 동일하게 한다면 여기에 1명당 40원씩을 학교가 부담해야 하기 때문에, 학교를 유지할 수 없으므로 사립학교는 스스로 어느 정도의 무리를 해야만 한다. 무리를 한다는 것은 결국 학교를 좋게 하는 것이 아니라는 것은 말할 필요도 없다. 이 때문에 공립과 사립의 차이가 심해진다. 관학 편중의 풍조가 생기는 것은 당연한 것이나, 현실적인 문제로 생각해 보면 오늘날의 관학 편중의 풍조가 낳은 결과가 말하자면 예의 입학난은 아닐까? 입학난이라는 것은 결코 학교에 들어가는 것의 어려움을 말하는 것이 아니라 좋은 학교에 들어가기가 어렵다는 것을 말한다. 이러한 현상은 왜 발생하는가 하면 앞에서 말했듯이 사학은 실제 채산을 맞출 수 없어서 좋아질 리가 없기 때문이다. 근본적인 문제는 모든 학교를 좋게 만드는 것으로 이를 위해서는 사학 장려도 필요하고, 또 수업료 같은 것은 그 학교의 자율에 맡겨야 한다고 생각한다. 일반 교육론이 되어 버렸지만, 여성교육에 대해서는 나는 다음과 같이 생각한다.

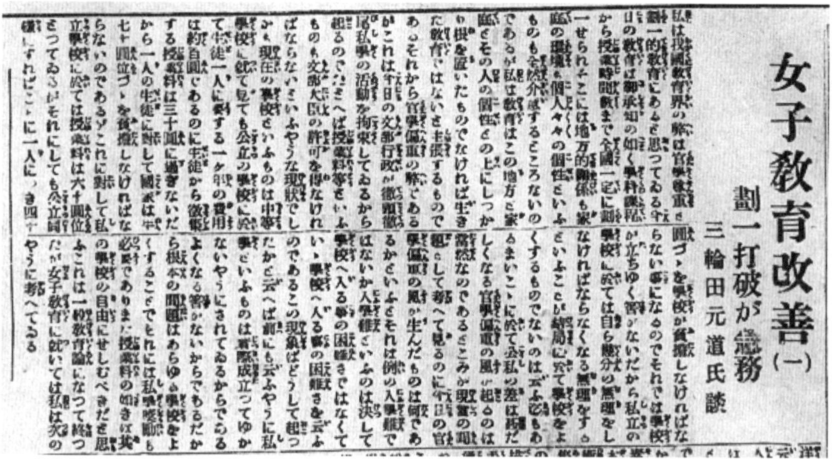

女子教育改善(一)

劃一打破が急務

三輪田元道氏談

私は我國教育界の弊は官學偏重と畫一的教育にあると思つてゐる今日の教育は御承知の如く學科課程から授業時間數まで全國一定に畫一せられそこには地方的關係も家庭の環境も個人々々の個性といふものも全然介在するところないのであるが私は教育はこの地方と家庭とその人の個性との上にしつかり根を置いたものでなければ生きた教育ではないと主張するものであるそれから官學偏重の弊であるがこれは今日の文部行政が徹頭徹尾私學の活動を拘束してゐるから起るのでたとへば授業料等といふものも文部大臣の許可を得なければならないといふやうな現狀でしかも現在の學校といふものは中等學校に就て見ても公立の學校に於て生徒一人に對する一ヶ年の費用は約百圓であるのに生徒から徴收する授業料は三十圓に過ぎないだから一人の生徒に對して國家は年七十圓位づゝを負擔しなければならないのであるがこれに對して私立學校に於ては授業料は六十圓位をとつてゐるがそれにしても公立同樣にすればこゝに一人につき四十圓づゝを學校が負擔しなければならない事になるのでそれでは學校が立ちゆく筈がないだから私立の學校に於ては自ら幾分の無理をしなければならなくなる無理をするといふことが結局に於て學校をよくするものでないのは云ふ迄もあるまいこゝに於て公私の差は甚だしくなる官學偏重の風が起るのは當然なのであるところが現實の問題として考へて見るのに今日の官學偏重の風が生んだものは何であるかといふとそれは例の入學難ではないか入學難といふのは決して學校へ入る事の困難さではなくていゝ學校へ入る事の困難さを云ふのであるこの現象はどうして起つたかと云へば前にも云ふやうに私學といふものは實際成立つてゆかないやうにされてゐるからであるよくなる筈がないからであるだから根本の問題はあらゆる學校をよくすることでそれには私學獎勵も必要でありまた授業料の如きは其の學校の自由にせしむべきだと思ふこれは一般教育論になつて終つたが女子教育に就いては私は次のやうに考へてゐる

09

여성교육 개선(2)

획일타파가 급선무

1929년 5월 26일 10130호 1면 1단

미와다 모토미치三輪田元道 씨 이야기

중학교육 개선안은 유형별로 제도를 만들어 자발적으로 고등교육을 받는 사람과 중학교만으로 교육을 마치는 사람을 구별해서 각각에 맞는 교육을 받게 한다는 것인데. 나는 이것에는 반대하는 사람이다. 왜냐하면 이는 우리 민족 심리를 이해 못한 점에서 출발하는 것으로 일본인의 지기 싫어하는 정신은 가령 이러한 유형별 제도를 만들어 봤자 결코 중학만을 염두에 두고 유형별 제도에 들어가는 자는 없을 것이다. 따라서 여성 중등교육도 상급학교에 가는 사람과 여학교만을 목적으로 하는 사람과는 그 학과목에 있어 배려하여 구별해야 하는 것이 물론 필요하나 이것은 유형별 제도와 같아서는 안 된다. 그렇다면 어떻게 해야 할까 나는 이것을 교장의 자율 재량에 맡겨, 1일 1시간 내지 2시간은 자유 과목으로 하고, 그 시간에는 상급학교를 원하는 사람, 또는 특히 이를 원하는 사람에 대해서는 영어, 수학과 같은 학과를 가르치고, 또 사람에 따라서 거문고나 꽃꽂이 같은 것을 가르쳐야 한다고 본다. 요컨대 학생의 자유 선택에 맡긴다는 방침을 채택해야 한다고 생각한다. 실제로 학교를 마치고 개인적으로 수학을 배우는 이도 있고 학교에서 돌아오는 길에 거문고 스승 집에 들르는 이도 있기 때문이다. 설령 따로 취급해도 조금도 학생들에게 폐해를 끼치는 것은 아니다. 참된 교육의 실제화라는 것은 이렇게 함으로써 비로소 가능하기에 오늘날과 같이 획일주의하에서는 참된 실제화 등은 생각지도 못하는 일이다. 나는 근본문제는 교육의 중앙집권적 제도를 배제하여 지방의 상황에 따르게 하고, 더 자세히는 가정의 사정에 따라 실제적인 교육을 받게 한다는 의미에서 무엇보다도 먼저 교장권을 확대하여 교장의 자유재량으로 모두 맡겨야 한다고 주장하는 바이다. 그리고 다음으로 고려해야 할 점은 사학의 장려인데, 이에 따라 부르주아 계급은 돈을 내는 것에는 고통을 느끼지 않기 때문에 많은 돈을 내서 좋은 학교를 만들고 그 좋은 학교에 자제가 들어가도록 한다. 구미區美의 그런 유명한 학교는 모두 사립으로 할 수밖에 없고, 관공립 학교는 프롤레타리아 계급인 자만을 수용하여, 수업료 등도 면제하고 경우에 따라서는 학용품도 지급하도록 해야 한다고 생각한다.

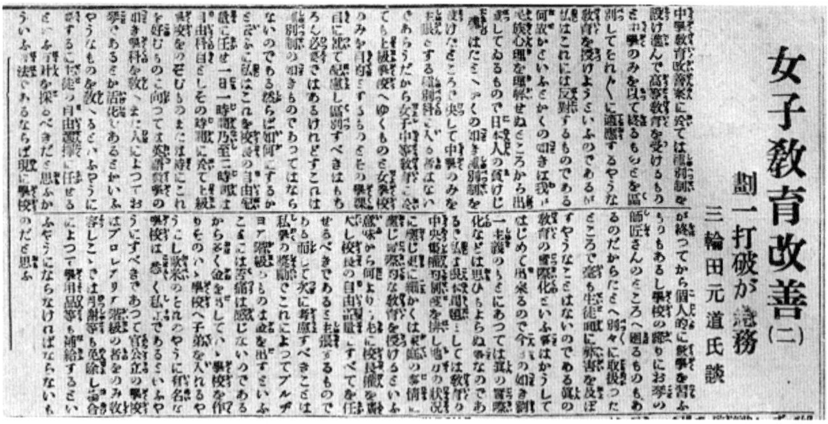

女子教育改善(二)

劃一打破が急務

三輪田元道氏談

中等教育改善案に於ては畫一制度を設け進んで高等教育を受けるものと中學のみを以て終るものとを區別してそれ〲に適應するやうな教育を授けようといふのであるが私はこれには反對するものである何故かといふとかくの如きは我民族心理を理解せぬところから出發してゐるもので日本人の負けじ魂はたゞ〱かくの如き區別制度を設けたところで決して中學のみを主眼とする學科に入る者はないであらうだから女子中等教育に於ても上級學校へゆくものと女學校のみを目的とするものとの學課目に就て區別すべきはもちろん必要ではあるけれどもこれは區別制の如きものであってはならないのである然らば如何にするかといふに私はこれを校長の自由裁量に任せ一日一時間乃至二時間は自由科目としその時間に於て上級學校をのぞむものまたは家庭にこれを好むものに向っては英語數學の如き學科を教へまた人によってお琴であるとか活花であるとかいふやうなものを教へるといふやうにすることを生徒の自由選擇に任せるといふ方法を採るべきだと思ふかういふ方法であるならば現に學校が終ってから個人的に教學を習ふものもあるし學校の終りにお琴の師匠さんのところへ通ふものもあるのだからたゞ別々に取扱ったところで誰も生徒に弊害を及ぼすやうなことはないのである眞の教育の實際化といふ事はかうしてはじめて出來るので今日の如き劃一主義のもとにあつては眞の實際化などは思ひもよらぬ事なのである私は現在の制度としては教育の中央集權的制度を排し地方の狀況に應じ更に細かくは家庭の事情に應じ實際的な教育を授けるといふ意味から何よりも先に校長職を擴大し校長の自由裁量にすべてを任せるべきであると主張するものである而して次に考慮すべきことは私學の獎勵でこれによってブルヂヨア階級のものは金を出すといふことには苦痛は感じないのであるから多く金を出していゝ學校を作りそのいゝ學校へ子弟を入れるやうにし歐米のそれのやうに有名な學校は悉く私立であるといふやうにすべきであって官公立の學校はプロレタリア階級の者をのみ收容しこゝでは月謝等も免除し場合によって學用品等も補給するといふやうにならなければならないものだと思ふ

10
여성교육 개선(3)

획일타파가 급선무

1929년 5월 27일 10131호 1면 1단

미와다 모토미치三輪田元道 씨 이야기

여성교육에 있어서 특히 염두에 두어야 할 것은 가정 사정이다. 가정 사정을 벗어난 교육은 교육으로서의 가치가 약하다. 즉 교육 실제화라는 근대사조에 맞지 않기 때문이다. 따라서 문부성이 이번에 실시하고자 하는 것이 여성교육 개선인데, 도대체 그 위원을 보면 지난번의 중학개선 위원에 겨우 2, 3명의 여성교육가를 늘렸을 뿐, 조금도 새로운 점이 없으므로 어느 정도의 개선이 될지는 지금 상상해 봐도 기대할 점은 없다. 나 자신은 교육의 실제화라는 견지에서 가장 중요한 것은 현재의 중앙집권적인 획일 제도를 고쳐 교장권을 확립하는 것으로, 예를 들면 수업시간이나 학과과정 같은 것은 지방의 상황과 개개인의 경우에 맞춰 자유로이 선택하도록 교장의 자유재량에 맡겨야만 한다고 생각한다. 아시는 바와 같이 오늘날의 교육은 문부성 규정에 따라 학과과정도 수업도 일정한 형식을 따라야만 허용되므로, 거기에 교장의 자유재량의 여지는 없고 가정 사정을 고려한 교육이나 개성을 존중하는 교육 등은 사실 하기 힘든 상태에 놓여 있는 것이다. 따라서 여성교육의 개선은 이 사실을 사고의 밑바탕에 두어야 한다고 생각한다. 교장의 자유재량이 가능하게 되면 각각의 학생에 대해 가장 실제적인 교육을 시행할 수 있기 때문이다. 이를 구체적으로 말하자면, 소위 기본학과 제정은 어쩔 수 없는 부분이지만, 이것도 가능한 한 시간을 줄이고 자유시간을 많이 두도록 해야 할 것이다.

女子教育改善(三)
劃一打破が急務
三輪田元道氏談

電氣界評論

赤穗義士の面々
吉良家の

帝國大學教

11

여성교육 개선

학과목 정리가 급선무

1930년 11월 12일 10648호 1면 2단

아라이 노부코荒井信子 여사 이야기

중등교육 개선안이 실시되면 당연히 여자 중등교육의 개선도 단행되어야 하지만 그것이 설마 남자 중등교육 개선안에 준거해 시행되는 걸까요? 저는 여성교육 개선이라는 것은 중학교육의 개선과는 상당히 취지를 달리해야 한다고 생각합니다. 이유는 첫째로 중학교의 경우는 부득이한 사정에 처한 사람만이 중학으로 최종 수학과정을 마치게 되고, 조금이라도 희망하느냐라는 점에서 보면 거의 대부분은 상급학교를 희망하고 있다고 봐도 무방하다고 생각합니다. 하지만 여학교에서는 상급학교에 뜻을 두는 것은 오히려 특별한 경우이며 여학교만으로 끝나는 것이 절대 다수이기 때문에 상당한 차이가 있음을 인정해야 합니다. 그리고 또 남자와 여자는 졸업 후의 생활 상태에서 차이가 있으며 더 나아가 가정생활에서는 더욱 달라지기 때문에 여학교의 교육은 이 점을 충분히 고려해야 한다고 생각합니다. 그래서 제가 생각하기에는 오늘날의 여학교 교육은 너무 남자와 동일하게 하려는 것에 얽매여 국제적인 여성의 실생활에 결부시킨 교육이 결여되어 있다고 생각합니다. 예를 들면 어학이나 고등수학과 물리 화학이 어느 정도까지는 일상생활의 상식으로 필요는 합니다. 하지만 여학교의 영어나 고등수학이 과연 몇 명의 여성에게 도움이 될까요? 게다가 이러한 학과를 위해 예습과 복습에 상당히 시간을 빼앗기고 있는 것이 현실이며 그 때문에 소위 여학교 출신의 며느리는 아무런 쓸모가 없다는 평을 받게 된 것입니다. 요컨대 여성의 실생활에 필요한 학과목이 별로 필요하지 않은 학과목 때문에 잠식되어 버린 점이 오늘날 여학교 교육의 결함이 아닐까요? 물론 모든 학과목을 잘 실제화 시키는 교수방법이 필요한 것은 말할 필요도 없겠지만 거듭 학과목의 정리와 수업 항목의 개정이 매우 필요한 것이라 생각합니다.

れて來たものであるが今日のそれし得るのではないかと思ふ

女子敎育改善

學科目整理が急務

荒井信子女史談

中等敎育改善案が實施されますれば當然に女子中等敎育の改善も斷行されなければなりませんがそしてそれは恐らく男子中等敎育改善案に準據して行はれるのでせうか私は女子敎育改善といふことになると中學敎育の改善とはよほど趣を異にして來なければならないのではないかと思ふものですといふわけは第一に中學校の場合は萬止むを得ぬ事情に置かれてゐるもののみが中學最終修學課程とするのであるのであつて少くとも希望といふ點に於きましては殆ど全部が上級學校を望んでゐると見て差支へないと思ひますところが女學校に於きましては上級學校へ志すものは寧ろ特例でございまして女學校のみで終るものが絕對多數なのですからこゝに非常な相違のあることを認めなければならないと存じますそれからまた男子と女子とでは卒業後の生活狀態に於て異るものがあり更に進んで家庭生活に入つてはより以上に異るところがあるのですから女學校の敎育はこの點について充分に考究するところがなければならないと存じますで私の考へますところでは今日の女學校敎育はあまりに男子と同樣といふことに拘られ過ぎて國際的な婦人の實生活に結びついた敎育に缺けてゐると思ふのですたとへば語學であるとか高等數學であるとか物理化學であるとかいふやうなものはもちろん或の程度迄は日常の常識として必要ではありますがしかしながら女學校の英語女學校の高等數學が果して幾人の婦人に役立つてゐるでせう然もこれ等の學科の爲めに大分の豫習と復習の時間を奪はれてゐるといふのが今日の實際でその爲めに所謂女學校出のお嫁さんは何の役にも立たないといふ通評を蒙るやうになつたわけで要するに婦人の實生活に必要な學科目が比較的必要ならざる學科目の爲めに蠶食されて終つてゐるといふところに今日の女學校敎育の缺陷があるのではないでせうかもちろんすべての學科目をよく實際化する敎授方法の必要なのは云ふを要しませんが更に學科目の整理敎授要目の改正が最も必要なことだと思ひます

12

여성교육의 개선, 획기적 계획을 시행하다

1935년 1월 3일 12113호 3면 3단

즉시 도움이 되는 여성을 양성하다

경상남도 교육의 대 쇄신

경상남도 학무과는 도내 여자중등학교의 여성교육의 개선을 위해 날카로운 메스를 가하기로 하고, 지난번부터 사카모토 학무과장, 쓰지 장학관이 직접 여자교육의 실정을 조사하고 있는데, 관내 각 학교에서 현재 실시하고 있는 내용을 보면 심하게는 현재 실사회의 실정을 무시한 교육방법을 계속 취하고 있고, 재봉가를 양성하는 방법이나 그 외 각 방면에 걸쳐 큰 결함이 있는 것을 모르는 한편 향락적 사상에 빠져서 여성의 완성교육으로서의 중등교육을 유희시하기에 이르러 크게 손을 봐서 개선해야 하므로 내년도에는 여성교육에 힘을 쏟기로 했다.

女子教育の改善

劃期的計畫を行ふ

直ちに役立つ女性をつくる

慶南教育の大刷新

慶南道學務課では道內女子中等學校につき女子教育の改善に鋭いメスを振ふことになり過般來坂本學務課長、辻視學官の手で女子教育の實情に對する調査を進めてゐるが管下各校において目下實施してゐる內容をみると甚だしきは現下社會の實情を無視した教育方法をとりつつあるものあり裁縫家事作法其他各方面に亘つて多大の缺陷を知らずまた一面享樂的思想に馳られ女子の完成教育としての中等教育を遊戯視するに至るなど大いにメスを振ひ改善すべき所あるに鑑み來年度には大いに女子教育に力を注ぐことになつた

13

<사설> 여성교육의 검토

1936년 3월 1일 12531호 1면 1단

부산고등여학교의 4년제 변경 이유를 생각하다

1.

부산부 제1부 교육회는 28일 앞서 간담회에서 결정된 부산고등여학교의 4년제 환원문제에 대해 최후 협의를 하고, 4년제 변경은 현재의 실정에서 극히 필요한 사항이라고 의견 일치하여, 각각의 관계 방면에 4년제 환원 의견서를 제출하기로 결정했다. 동 부산부교육회가 주장하는 바는, 현행 5년제는 실정에 맞지 않으므로 개선할 내용을 검토하여 여성교육에 적합한 방책을 수립하는 것이야 말로 필요하고, 또한 절실하다는 것이다. 물론 어떤 점을 개정하고, 어떤 점을 변경하여 실정에 맞는 내용으로 만들지에 대해서는 한마디도 하고 있지 않지만, 단 그 결론으로는 4년제로 하고 1년 내지 2년의 여성 실무교육을 받게 했으면 좋겠다는 것이다. 우리는 이 의견서에 두말없이 찬성하는 것은 아니나, 현재의 여성교육의 실정을 직접 보고 불만스럽게 생각하는 우리로서는 그들이 주장하는 대로 여성교육의 재검토를 실시하여 만전을 기한다는 점에 대해서는 강한 공감을 표한다.

2.

원래 오늘날의 여성교육은 많은 결함을 가지고 있다. 여성교육의 근본은 다루지 않고 단지 형식만의 교육을 하고 있는 실정이다. 과연 오늘날의 여성교육이 사회가 요구하는 교육을 하는가에 대해서는 큰 의문이 있다. 많은 가정에서 또 사회에서 오늘날의 여성교육은 거의 쓸모가 없다고까지 극언하는 사람도 있다. 물론 그러한 논자가 보는 여성교육은 가정부인으로 즉시 도움이 될지 아닐지 하는 점을 골자로 하고 있는 것이지만, 그러나 대개 오늘날의 교육이 실제사회와 동떨어져있는 것은 사실이라고 할 수밖에 없다. 학교는 이론을 가르치는 곳이고 그 응용은 실사회에 나와 비로소 실습하는 것이라는 일부 논자의 입장에서 보면 굳이 오늘날의 교육도 전적으로 배척할 이유는 없다. 그러나 교육이 곧 생활이라는 논리에서 보면 이론은 학교에, 응용은 사회에 맡기는 것은 허용할 수 없다.

3.

그런 의미에서는 부산교육부회의 주장은 새삼 수긍할 점이 있다. 즉 현재의 실정에 맞는 교육을 실시한다는 것은 충분히 수긍할 수밖에 없다. 우리는 이것을 사회에 나와서 바로 도움이 되는 교육으로 풀어야 하는가는 관점에 따라 다르지만, 그 교육방침을 적절히 현재의 실정에 맞는 방법으로 고치는 것은 당연한 이치가 아닐까? 연한을 단축하는 것만이 목적은 아니다. 연한단축은 단지 그 방법 수단의 결론으로 고찰되는 것이다. 일반적으로 5년제를 4년으로 하는 것은 교육의 퇴보가 되는 것이고, 이것도 또한 관점에 따라서는 수긍할 수밖에 없는 것이다. 그러나 그 교육내용을 개선한 결과를 보면 반드시 배척해야 할 것은 아니다. 필요한 과목은 적절히 늘리고, 불필요한 것은 폐지한 결과로 4년제가 타당하다고 한다면, 특별히 4년이라고 해서 불복할 수 없다.

4.

문제는 당국이 이 의견서를 어떻게 취급할 것인가라는 점이다. 부산부 당국의 의향으로 비공식적으로 전해지는 바로는, 4년제도 별로 상관없다고 한다. 그러나 그 이유가 어떤 점인가는 분명치 않지만, 당국이 개념적이라도 이를 수락할 의향이 있다는 점은, 오늘날의 여성교육에 개선해야 할 많은 문제가 있음을 인정하고 있다는 것 정도는 충분히 파악할 수 있다. 이미 대구에도 이 운동이 일어나고 있고 또 경성 방면에서도 이런 움직임이 있다. 단 우리가 이 주장에 대해 생각하는 바는, 여성교육이니까 그 연한을 늘릴 필요는 없다는 낡은 여성교육의 관점에서 4년제로 환원하자는 데는 우리는 유감스럽게도 공감할 수 없다. 모쪼록 당국도 또 일반사회도 충분히 이점을 숙고하여 실수하지 않도록 해야 한다.

女子教育の検討
釜山高女の四年制
變更の理由を思ふ

一部青年將校ら
奉勅命令に叛
極力歸順を說
多數の歸順

交通全部中止
廿九日午前五時を期
列車も省線

歸順者續々

文盲退治に獻身的
三千浦夜學會の努力
大に感謝せらる
無産兒童を收容す

실업교육

4

01

실업교육 조사

1918년 4월 21일 6572호 93면 6단

총독부는 17일 오후 1시 30분부터 제2회의실에서 실업교육 조사회를 개최하여 도요나가豐永 위원 이하 16명 출석, 각각 조사사항에 대해 심의하고 오후 4시 30분 해산하였다.

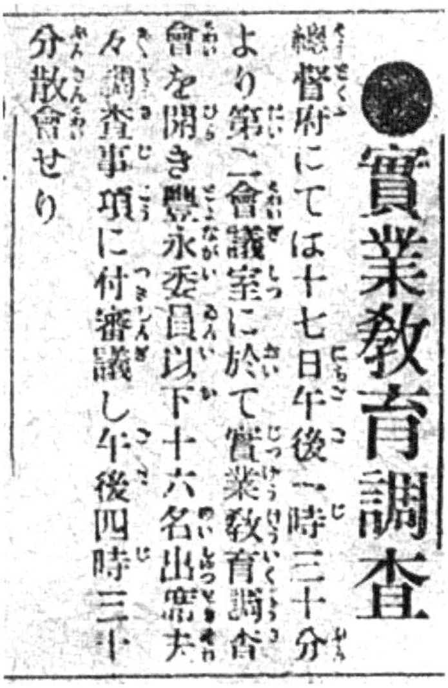

●實業教育調査

總督府にては十七日午後一時三十分より第二會議室に於て實業教育調査會を開き豐永委員以下十六名出席夫々調査事項に付審議し午後四時三十分散會せり

02

조선의 실업보습교육 상황

1924년 5월 20일 5415호 2면 3단

(학무당국의 말) 일본에서는 소학교가 설치되어야 할 곳에 소학교가 없는 곳은 거의 없다고 말할 정도로 활발히 장려되고 있고, 영국에서는 법령에 따라 국민의 의무교육이 지정되어 있다. 조선에서는 교육령이 실시된 지 얼마 되지 않아 아직 의무교육도 실시되지 않는 현상이므로 실업보습교육도 유감스럽게도 매우 불충분하다. 이는 원래 각 도에서 해야 할 성질의 교육이므로 당국은 지방관 회의 등 기회가 있을 때마다 적극 지시하여 실현시키고자 노력하고 있는데 근래에는 조금씩 이러한 시설이 보인다. 종래의 수업시간은 1년 200시간 내지 400시간으로 수학기간은 1년 혹은 2년으로 되어 있다. 과목은 지방에 따라 다소 차이가 있어도 대체로 그 지방에 적합한 산업상의 지식과 현장 경험을 가르치고 있는데 입학자는 매우 적다. 이는 요컨대 가계가 윤택하지 않은 것과 관련이 있기도 하고 한편으로는 그들의 향학심이 부족하다는 증거를 나타낸다고 할 수 있다. 본 교육은 산업 발전에 관련이 있을 뿐만 아니라 대국적으로도 결코 등한시 할 수 없다. 또한 지방경제력의 증진을 도모한다는 의미에서 그들의 가계를 윤택하게 하는 것은 나아가 국민교육을 충실히 하는 의무교육 시행의 전제조건으로서도 반드시 철저하게 장려해야만 하는 것이다. 문부성에서는 교과용으로 현재 공민독본을 편찬 중인데, 조만간 발간이 되면 조선에서도 이를 일부 교과서로 사용할 생각이다.

朝鮮の實業補習教育狀況

（學務當局談）内地では小學校の設置されたる處此の施設無き地は殆ど無いと言へる如く盛んに奬勵され英國では法令に依つて國民の義務教育とさへ指定されてゐる朝鮮では教育令布かれて日淺く未だ義務教育も行はれない現狀で從つて實業補習教育に就いても遺憾ながら甚だ不充分なのである之に關しては元來各道に於て爲す可き性質のもので當局としては地方官會議等の機會ある毎に極力指示して實現に努めてゐるが近來は彿々之が施設を見てゐる從來の授業時間は一年二百時間乃至四百時間で修學期間は一年若しくは二年となつてゐる科目は地方に依つて多小相違あるも大體其の土地に適合した產業上の智識と實地の經驗とを與へてゐるが入學者は甚だ少く之は要するに家計の豐ならざることに關係がある一面彼等の向學心に乏しい證左を示してゐるものと云へよう本教育は產業の發達に關係あるのみならず大局から觀察しても決して等閑に附すべきものにあらずまして地方經濟力の增進を圖る意味に於いて彼等の家計を豐ならしむる事は延いて國民教育を充實ならしむ義務教育施行の前提としても是非徹底的に奬勵すべきものである文部省では之等の教科用として目下公民讀本の編纂中であるが近く發刊次第朝鮮にも之を以て一部の教科書とする考へである

03

조선인 자제의 실업교육

교육총회의 문제

1926년 11월 22일 9247호 2면 1단

마쓰이松井 내무부장 이야기

전남 광주에서 개최된 조선 교육총회의 의제는 주로 조선인 자제를 실업적으로 지도, 교육하는 방법 여하라는 의제로 대단히 유익한 회합이었다. 본부 학무국장, 장학관을 비롯하여 경상남도에서는 마쓰이 내무부장, 김 학무과장이 출석하여 성대한 모임을 이루었다.

鮮人子弟の實業教育
教育總會の問題
松井內務部長談

全南光州にて開きたる朝鮮教育總會の議題は主として鮮人子弟を實業的に指導教育する方法如何といふ議題にして頗る有益の會合なりしが本府學務局長視學官を始め本道よりは松井內務部長金學務課長も出席し盛會なりし由

04

실과교육

제1회 강습회

1929년 7월 14일 10179호 2면 5단

경상남도 학무과 당국은 오는 22일부터 10일간 제1회 실과교육 강습회를 김해공립보통학교 내에서 개최하기로 결정, 출석자는 도내 각 소학교에서 약 80명을 웃도는 많은 숫자로 예상된다. 이번 소학교 및 보통학교의 규칙 개정에 따라 실과교육을 필수과목으로 하여 새로 직업과를 설치하게 되었다. 이것의 실시와 관련하여 다음과 같이 오로지 실제방면의 강습회를 개최하는 것이다. 본 경상남도에서는 이미 이번 봄부터 각 학교 모두 실과교육을 실시하고 있으므로 이번 직업과 설치에는 아무 지장도 없다고.

1. 실과교육에 대한 실제적 지도
1. 학교 유치원 경영법
1. 여러 강사, 시노자키 경상남도 장학관, 김해 농업학교 노구치 교장 외 직원 6명

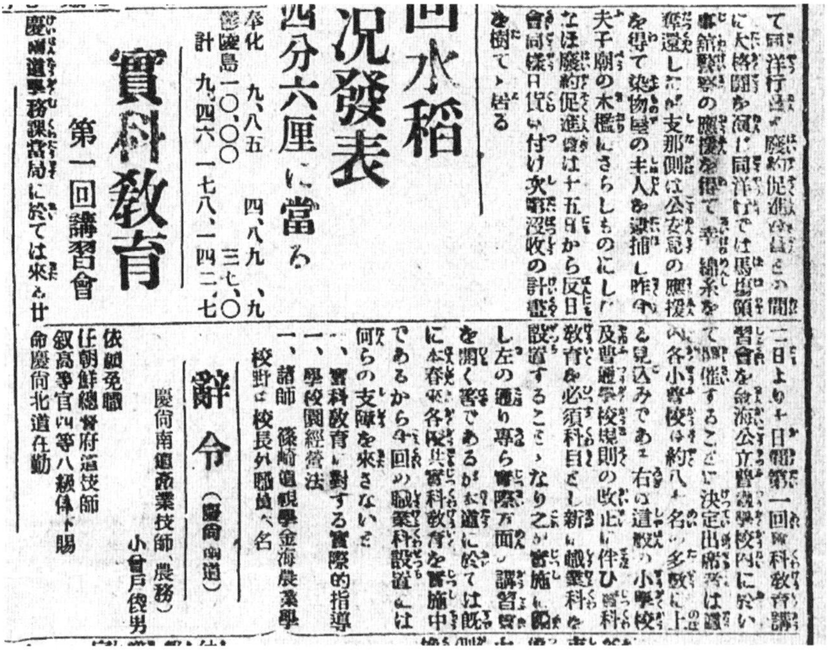

て同洋行員と廢約促進會員との間に大格鬪が演じ同洋行では馬場領事館警察の應援を得て幸ひ難を遁れたが支那側は公安局の應援を得て染物屋の主人を逮捕し昨年夫子廟の木檻にさらしものにしたなほ廢約促進會は十五日から反日會同樣日貨の付け次第沒收の計畫を樹てゝ居る

回水稻
況發表
四分六厘に當る

奉化	九、八五	四、八九、九
鬱陵島	一〇、〇〇	三七、〇
計	九、四六	一七八、一四二、七

實科教育
第一回講習會

慶南道學務課當局に於ては來る廿二日より十日間第一回實科教育講習會を金海公立農業學校内に於いて開催することに決定出席者は道内各小學校より約八十名の多數に上る見込みである右は道内の小學校及普通學校規則の改正に伴ひ實科教育が必須科目として新に職業科を設置することゝなり之が實施に關し左の通り專ら實際方面の講習を開く筈であるが本道に於ては既に本春來各校共實科教育を實施中であるから今回の職業科設置には何らの支障を來さないだ

一、實科教育に對する實際的指導
一、學校園經營法
一、諸師 篠崎道視學金海農業學校野口校長外職員七名

辭令（慶尙南道）

慶尙南道商業技師（農務） 小曾戶俊男
依願免職
任朝鮮總督府道技師
叙高等官四等八級俸下賜
命慶尙北道在勤

05

실업교육에 우선 힘을 쏟아라

오늘날의 교육의 결함

1929년 11월 22일 10306호 1면 1단

가토 고조加藤弘三 씨 이야기

오늘날의 교육의 병폐는 그것이 실제생활과 긴밀하게 연결되어 있지 않는 것이라고 생각한다. 바꾸어 말하면 오늘날 교육의 대부분은 우리들의 일상생활에 도움이 되는 것이 매우 적어 교육의 실제화라는 말이 거기에서 생긴 것인데 사실상 요즘 청년치고 본인이 배운 전문적인 학문을 정말 유효하게 쓰면서 활동하는 사람이 몇 명이나 되겠는가 생각하면, 누구든 요즘 교육이 너무도 실생활과 동떨어져 거의 쓸데없는 노력을 하게 만들고, 청년자제들에게 귀중한 시간과 체력 낭비를 굳이 시키고 있음을 깨닫게 된다. 현실 사회에서 쓰이는 것은 고등 교육을 받은 자도 아니고 학문도 아니고 실제의 일인 것이다. 그리고 그 일이라는 것은 대부분은 반드시 고등 교육을 필요로 하지 않는다. 요즘의 교육 방법은 모처럼 고등 교육을 받더라도 그것을 실제로 시켜 보면 못하는 것이 보통이다. 학문과 실제가 동떨어져 있기 때문에 모처럼 대학을 나와도 대학에서 배운 학문을 활용하여 사용할 수 있는 지위는 받지 못한다. 받는다 해도 실제로는 그냥 보통교육을 받아 실제로 철저하게 배운 사람과 비교가 되지 않기 때문에 교육 그 자체를 실제화할 필요가 있음은 교육 전반에 필요하여 더 이상 논할 여지가 없다. 더욱이 실사회에서 실질적 업무를 담당하는 중견 인물의 양성이 국가로서는 가장 고려해야 할 문제이므로 오늘날의 대학 편중 풍조를 개선하여 실업학교에 힘을 쏟고 특히 실업보습교육 같은 것은 충분한 시설을 만들어야 한다고 생각한다.

實業教育に先づ力をそゝげ

今日の教育の缺陥

加藤弘三氏談

女傑奥村五百子さん

小笠原子爵談

最近稀なる東京の物價

大正十一

檢閲制度

06

실업교육

온 힘을 쏟아 대개선

1929년 11월 28일 10311호 1면 1단

(도쿄) 실업교육은 지난 1920년다이쇼 9년에 개정된 이래 10년이 되어 시대에 뒤처진 감이 있기에 기무라 실업국장은 취임 후 이 제도 내용의 대대적인 개선을 단행하기 위해 연일 회의를 열어 협의한 결과 22일 회의를 끝으로 대체적인 성과를 거두었으므로 조만간 문부성 회의에 회부하고, 내년 4월부터 실시하기로 결정했다. 개선 범위는 농, 공, 상, 수산 등 실업교육의 전반에 걸친 광범위한 것으로 실업교육의 실제화를 주안점으로 하여 내용의 대대적인 개선을 실시할 계획이다. 그중에서도 최근 두드러지게 활발해진 공업교육에 관해서는 특히 힘을 쏟아서 현재의 중등공업학교 119개교를 200여 개교로 늘리고 이 건설비로 한 학교당 5만 원을 문부성이 보조한다. 또한 가장 진보가 늦은 수산교육에도 힘을 쏟아 현재의 12개교 외에 더 설치할 필요가 있는 10현에 각 1개교씩 설치하여 어촌의 개발 특히 어민의 품위 향상 교육의 보급 등에 노력한다. 농업교육은 을종 농업학교를 졸업한 후의 지도연구가 부족하다. 여하튼 평판이 나쁘기에 특히 강습회 등으로 결함을 보충해야 하고 지도연구의 방법을 설명하는 등 학교 내용의 개선을 비롯하여 농림, 상공, 체신 등의 각 부와 연락하여 통계조사의 교환은 물론 이들 관계 각부의 권위로 상설 조사위원회를 설치하여 산업의 발달과 더불어 실업교육의 진보개선을 도모할 계획으로 위에서 언급한 개선을 위해 특히 예산을 청구하지 않고 실시할 방침이기에 각부의 승인을 받는 대로 이를 실시할 예정이다.

實業教育

力瘤を入れ大改善

（東京）實業教育は去る大正九年に改正されてから十ヶ年になり全く時代から取り殘された觀があるので木村實業局長は就任以來之が制度內容の大改善を斷行すべく過日に亘り會議を開き協議の結果廿二日の會議を最後とし大體の成案を得たので近く省議に付し來年四月から實施するに決した改善の範圍は農、工、商、水產等實業教育の全體に亘る廣汎なもので實業教育の實際化を眼目とし內容の大改善を行ふ計畫である中でも最近著るしく盛んになつて來た工業教育に關しては特に力瘤を入れ現在の中等工業學校百十九校を二百餘校に增加して之が建設費として一校當り五萬圓を文部省から補助する又最も進步の遲れてゐる水產教育に對しても力を注ぎ現在の十二校の他更に設置の必要ある十縣に各一校宛設置し漁村の開發特に漁民の品位の向上教育の普及等に努力する農業教育においては乙種農學校が卒業後の指導研究が足りない[illegible]現在內容が惡いので特に講習會等により缺陷を補ふべく指導研究の施設を講ずる等[illegible]校の內容に關する改善をはじめ農林、商工、遞信等の各省と連絡をとりて統計調査の交換は勿論これ等の關係各省の職員からなる常置の調査委員會を設け產業の發達と相並んで實業教育の進步改善をはかる計畫で右改善の爲には特に豫算を請求せずに行ふ方針なので各省の承認を得次第に之が實施にとりかゝることになつてゐる

07

직업교육의 진흥

1930년 12월 5일 10670호 1면 2단

가토 고조加藤弘三 씨 이야기

이번 중학교육 개선안에서 만족하게 생각하는 것은 작업과 신설로, 이것은 이미 설치되었어야 하는 것이었는데 오늘에서야 겨우 실현되려고 하는 것은 늦은 감이 있어 아쉬움이 있지만 여하튼 교육계가 여기에 주목한 것은 기뻐해야 할 일이라 생각한다.

하지만 모처럼의 이 작업과도 종별제에 의하여 전부 설치하는 것은 아니어서 효과를 충분히 기대할 수 없는 것은 유감스러운 일이라 생각한다. 직업교육에 있어서는 독일 및 미국 등이 가장 잘 발달되어 있으며, 미국에서는 모든 중학교에 직업학과를 두고, 반드시 많은 직업학과 중에서 자신의 재능과 취미에 적합한 것을 선택하여, 그 중의 한 과를 배우게 한다. 따라서 그들이 일단 중학교를 졸업하면 인쇄나 토목이나 타이프라이팅과 같은 기능으로 사회에서 독립할 수 있도록 기초를 만드는 구조이다. 나는 이래야 한다고 생각한다. 전문가를 만드는 교육이어야 한다고 생각한다. 상급 학교에 진학하더라도 스스로 독립할 수 있을 정도의 직업적 기능을 배워 익히는 것이 무엇이 문제가 되겠는가. 이런 의미에서 종별제와 같은 것은 단연 폐지하여 모두를 위해 직업교육을 시행함과 동시에 교육의 목표를 전문가를 만드는 것에 두도록 하여 직업교육의 확충을 기해야 한다고 생각한다.

職業教育の振興

加藤弘三氏談

今度の中學教育改善案に於いて我が意を得たと思はれるものは作業科の新設であつてこれは疾くに設けられて居らなければならない筈のものだつたといふべきで今日にして漸くその實現を見ようとしてゐるのは遲きに失した憾みはあるがしかしながら兎に角教育界がこゝに着目して來た事は喜ぶべき現象だと思ふ、けれども折角のこの作業科も教師如何によつて全部に課せられるのでなく從つてこれが効果を充分に期待することが出來ないのは遺憾なことだと思ふ職業教育に於いては獨逸及び米國の如きは最もよく發達してゐて米國の如き如何なる中學と雖も職業學科を設せざるはなく必ず多くの職業學科中から自己の性能と趣味とに適したものを選ましめその一科を修得せしむる事にしてゐるのさうして從つて學生はひとたび中學を出れば印刷とか土木とかタイプライティングとかさうした技能によつて社會的に獨立してゆける丈けの素地をつくられるといふ仕組になつてゐるのである、私はこれでなければならないと思ふエキスパートを作る教育でなければならないと思ふに教育改善に望むものにあつても二、三獨立出來る程の職業的技能を修得してゐるといふ事が何の邪魔になるであらう、この意味に於いて露國の如きは斷然廢止し全部に向つて作業教育を施すと共に教育の目標をエキスパートをつくるところに置くやうにし職業教育の擴充を計るべきだと思ふ

08

실과교육진흥 동계 공업강습회

1930년 12월 7일 10672호 2면 7단

오는 26일부터 4일간 부산고등소학교에서 개최

최근 부산부내 각 소학교에서 실과교육이 점점 중요시되는 것은 기뻐할 만한 추세로 보이고, 이에 따라 지도의 중임을 맡은 각 학교의 직업과 지도교사의 향상은 학생의 발전과 밀접한 관계가 있으므로, 이번 부산부 학교조합은 부내 소학교 및 보통학교 직업과 직원에 대해 공업보습학교장 가와시마 가쓰라 씨 외 동 교직원 전부를 지도원으로 해서 동계 공업 강습회를 개최하게 되었다. 기간은 오는 26일부터 29일까지 4일간, 회의장은 고등소학강당, 강습과목은 직업과이다. 강습사항은 공업교재 중, 조각법 및 도장법으로

1. 조각법(조각의 목적 및 분류, 용구 종류 및 사용법, 조각표현 및 실습)

2. 도장법(착색안료 및 도료의 종류 및 사용법, 도장의 목적 및 효과, 착색의 방법 및 실습)

實科教育振興
冬期工業講習會
來る廿六日から四日間
釜山高小で開催

最近府内各小學校では實科教育が大いに重要視されて來た事は喜ぶべき趨向と見られ從つて之が指導の衝にあたる各學校の職業科指導訓導の向上は之が助長と至密の關係にあるので今回釜山府學校組合では府内小學校及普通學校職業科職員に對し工業補習學校長川島桂氏外同校職員全部を指導員として冬期工業講習會を開催する事になつた期間は來る二十六日より二十九日まで四日間會場は高等小學講堂、講習科目は職業科である講習事項は工業教材中彫刻法及び塗裝法で

一、彫刻法（彫刻の目的及分類、用具の種類及使用法、彫刻表現法及實習

二、塗裝法（着色顔料及塗料の種類及使用法、塗裝の目的及效果着色の仕立及實習

日曜講演

▲メソヂスト教會（釜山大廳町）では七日午前十時より「黎明の湖畔」同日午後七時半より「十字架を仰ぎて」小林牧師

釜山富平町一丁目西本願寺別院では十二月七日晩七時半より
生かす力 渡邊學應
久遠の瞬間 田中布教使

▲荒井初太郎氏（仁取社長） 滯釜中五日夕發列車で離任
▲倉知鐵吉氏（貴族院議員） 五日夕上陸北行
▲坂本要氏（土木技師） 同上
▲宋曾一郎氏（大阪實業家） 六日

09

경상남도 실과교육

직업교육의 충실을 기하다

1931년 2월 20일 10741호 3면 6단

경상남도에서 소학교 및 보통학교의 실과교육은 지난 쇼와 3년1928 이래 신경을 써서 진흥에 노력한 결과 모든 학교에 설치하기에 이르렀다. 직업과의 충실에는 크게는 설비의 완성이 필요한데 종래에는 이러한 설비를 갖출 수 없었기에 내년도에는 농업용 건물의 완비를 위해 학교에 양잠실, 닭장, 비료창고 등을 신설하여 직업교육의 충실을 기하기로 했다. 즉 내년도에 설치되는 시설은 보통학교에 양잠실 62개, 닭장 65개, 비료창고 62개이고 소학교는 닭장 20개로 이것의 경비 8천 3백 원을 내년도 예산으로 계상하여 시설을 완비하도록 했다.

慶南道實科教育

職業教育の充實を期す

慶南道に於ける小學校並に普通學校の實科教育は去る昭和三年以來鋭意之が振興に努力したる結果全校に之が加設を見るに至つたが職業科の充實は大に設備完成の點に在るので農用建物の完備を圖るため從來之れが設備を有せざる普學校に對し來年度に於て養蠶室、鷄舍、肥料溜等を新設し職業教育の充實を期することになつた即ち來年度設置せられる校數は普通學校に於いて養蠶室六十二、鷄舍六十五、肥料溜六十二、小學校に於いては鷄舍二十で之が經費八千三百圓を來年度豫算に計上し施設を完備せしむることになつた

10

실업보습교육 그 지방화에 관하여

그 진흥을 계획하라

1931년 11월 2일 10991호 1면 1단

마쓰다 쓰네키치松田常吉 씨 이야기

현재 사회교육 방면에 중요한 문제는 뭐니뭐니해도 실업보습교육에 관한 것이라 생각한다. 특히 오늘날 경제계 불황의 영향도 있어 상급학교로의 진학이 불가능한 이가 점점 늘어남과 동시에 상급학교에 진학할수록 취직율이 떨어지는 지금의 실태는 가령 상급학교로의 진학에 방해되는 것은 없으나 스스로 진학을 그만두는 경향도 자연스레 생겨날 것이라는 것을 상상하기란 어렵지 않다. 이런 시기에 드디어 그 필요성을 통감하게 되는 것이 실업 보습교육인 것이다.

그런데 오늘날의 실업보습교육은 가장 현실적으로 실생활에 적합한 교육이어야 하는데, 실제로는 이런 요구와는 매우 동떨어진 상태라 여겨진다. 실업보습교육의 근본적인 문제는 이것을 의무제로 해야 할 필요성은 말할 필요도 없지만, 교육 그 자체를 더 실제화 하고 특히 직업적 교육에 주력해야 하는데, 오늘날의 실업보습교육에 있어서는 이 점이 매우 유감이라 생각한다. 첫째로 현실에 가장 입각한 교육을 시행하려면 각각의 지방적 특색에 따른 교육이 필요한 것은 명백한 일인데 아직 이 점을 강조하는 이는 적다. 특히 직업교육은 지방적 특색을 망각해서는 거의 가치가 없는데도, 단지 도시와 농촌으로 구별한 것밖에 없고 지방의 특수성이 완전히 무시되고 있는 것은 실업보습교육의 취지를 망각하는 것으로, 실적이 오르지 않는 원인이라고 생각한다. 바야흐로 교육의 실제화를 요구하는 목소리는 필연적으로 교육의 지방화로 나아가고 있는 이 시점에 실업보습교육의 지방화를 외치는 것에 아마도 그 누구도 이견이 없을 것이라 생각한다.

實業補習教育 その地方化に就て

その振興を企圖せよ

松田常吉氏談

政界評論

論 緊迫し 國際聯

相手を

11

실업교육에 정신 훈육을 강조

1934년 5월 4일 11870호 2면 3단

내지 일본 교육을 시찰하고 사카모토坂本 학무과장 출장 보고

2주간의 일정으로 내지 일본의 실업보습학교의 교육정신을 시찰 중인 경상남도 학무과장 사카모토 쓰네조씨는 2일 밤 돌아와, 다음과 같이 말하다.

이바라기현의 고등농민학교, 사이타마현의 농사학교, 야마구치현의 마쓰시타 사숙, 아이치현의 중견청년강습소 등 모범적 중견청년의 보습교육 상황을 시찰했는데, 고등농민학교에서는 해외로 진출하는 청년 양성에 힘을 쏟고 있어 차남 삼남의 교육생도는 매우 활발하게 배우고 있다. 농사학교에서는 공맹孔孟의 가르침을 학교의 정신으로 힘써 실천함을 취지로 하여 학생의 오락 등 근대적인 연약한 풍조는 볼 수 없었고 퉁소, 비파 등으로 일본의 오랜 무사적 품격을 숨겨 놓은 듯한 교육방법을 느끼게 하는 것이 많았다. 마쓰시타 사숙은 잘 알려져있지만 지금 쇼인 선생의 유풍이 생생하게 사숙생도에게 전수되고 있어 옛날이 은근히 그리워 반가웠는데 그 교육방법도 옛날풍의 엄격한 면이 있었다. 아이치의 중견청년훈련소에서는 근면역행, 아침에는 4시에 큰 북과, 나팔 등의 요란한 소리에 일제히 기상하여 즉시 논과 밭에서 일하게 한다. 어디까지나 실습 중심으로 학과는 일주일에 겨우 이틀 정도밖에 없다.

일하는 청년을 만든다는 교육방법에는 완전히 감복했는데 비상시국의 타개는 이 방법이 아니고서는 안 된다고 생각했다.

實業教育に精神薰育を强調

內地教育を視察して

坂本學務課長歸來談

二週間の日程で內地の實業補習學校の教育精神を視察中の總督府學務課長坂本常藏氏は二日夜歸來したが左の如く語る

茨城縣の高等農民學校埼玉縣の農士學校山口縣の松下私塾愛知縣の中堅青年講習所等模範的中堅青年の補習教育の狀況を視察したが高等農民學校では海外飛躍の青年の養成に力を入れ次男三男坊を教育生徒は仲々元氣よくやつてゐる農士學校では孔孟の敎へを校の精神とし實踐躬行を旨とし生徒の娛樂等も近代的軟弱な風潮は見られず尺八、琵琶等を以て日本の古武士的風格を忍ばせる樣な教育方法で感じせしめらるゝ處が多かつた松下私塾はよく知られてゐるが今に松陰先生の遺風があり〳〵と塾生に訓育され昔を忍ばれて懷かしいが教育方法も古式な嚴格な處がある愛知の中堅青年訓練所では勤勉力行朝は四時には陣大鼓ホラ貝等の鳴物入で一齊に起床し直ちに田園で農民勤勞に從事せしめ飽くまで實習本位で學科の如きは一週に僅か二日位しかない働く青年を作るといふ敎育方法には全く感伏したが非常時局の打開は此の方法に依らねば駄目だと想つた

실업교육 50주년

문부성에서 계획

1934년 8월 20일 11978호 2면 1단

(도쿄발) 문부성에서는 내년도는 실업교육 50주년에 해당하기에 실업교육 50주년 기념제를 성대하게 개최하여 산업진흥의 바탕으로 하고 싶다는 의향을 토대로 기요우라 게고 씨를 모시고 문부차관을 회장으로 여러 가지 준비를 마쳤는데, 전국의 회원을 모아 실업계 공로자 표창, 실업박람회 개최, 실업50주년사의 편찬 등을 계획하고 있다. 자금은 전국 실업학교장이 기부하여 이미 5만 엔을 넘었고 개장까지는 6만 엔을 기부할 것 같다.

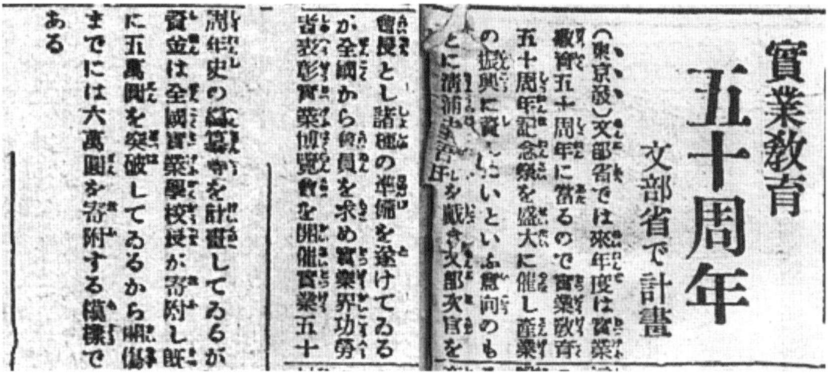
實業教育

五十周年

文部省で計畫

(東京發)文部省では來年度は實業教育五十周年に當るので實業教育五十周年記念祭を盛大に催し產業の振興に資したいといふ意向のもとに清浦奎吾伯を戴き文部次官を會長とし諸般の準備を進めてゐるが全國から會員を求め實業界功勞者表彰實業博覽會を開催實業五十周年史の編纂等を計畫してゐるが資金は全國實業學校長が寄附し既に五萬圓を突破してゐるから開催までには六萬圓を寄附する模樣である

13

<사설> 실업교육 25년

조선의 발전을 생각하다

1934년 10월 28일 12047호 1면 1단

제2상업학교 기념일에 즈음하여

1.

내지 일본에서는 올해 실업 학교령이 실시된지 50년 기념식을 거행했다. 조금 전 식전에 기념회장 기요우라清浦 백작은 "일본의 실업 발달이 최근 놀라운 기세로 진보했는데, 이는 실업교육의 발달 덕분인 점이 많다. 오늘날 세계의 실업교육을 보면 일본만큼 체계적이고 과학적인 곳은 없다. 체계적, 과학적인 부분이 일본의 실업 발전을 짊어지고 있다"고 하는데, 확실히 일본의 실업은 일본의 실업교육에 힘입은 바가 많기 때문이다. 바야흐로 전 세계에서는 일본제품 배척까지는 아니지만, 일본의 넘치는 팽창력에 높은 관세 장벽을 만들어 수입을 막고 있으며, 혹은 부당한 정치적 압박을 가해 진출을 막는 점도 있다. 실로 거세게 밀려드는 일본상품의 해외진출은 문자 그대로 세계적으로 놀라운 일이다. 우리는 이 현상을 보고 기요우라 백작의 연설을 생각하게 된다. 거기에는 성장한 일본 실업교육의 충실함을 간과할 수 없다. 상업에, 공업에, 농업에, 수산업에, 광업에, 또는 임업에, 과학 공업에 일본의 실업교육은 매번 성공적이어서 근 50년간의 발전은 세계의 실업교육을 완전히 능가하는 것이다. 무역 촉진, 왕성한 해외진출은 실로 당연한 것이다.

처음 50년이 걸려 발전한 일본은 막상 다가올 미래의 반세기에는 과연 어떤 진보를 할지. 우리는 눈을 크게 뜨고 일본의 장래를 지켜보자.

2.

내지 일본의 실업교육은 이러한 발전의 과정을 토대로 오늘이 있게 되었는데, 조선의 실업교육은 어떠한가. 손가락을 접어 세어보니 조선의 실업교육은 올해로 정확히 25주년을 맞이하고 있다. 물론 한일합병 전 일본 자국민이 세운 실업학교는 있었지만, 그것은 매우 한정된 수로, 조선의 실업교육의 발단으로 볼 수는 없다. 조선의 실업교육은 역시 한일합병을 한 그 날부터, 실업학교령의 시행에 의해 시작됐다. 이에 준해 부산 제2상업학교와 조금 뒤이어 인천상업학교가 개교하였다. 그 외의 농업, 공업, 수산 등의 실업학교는 그 후에 설립되었으며, 본격적인 실업교육은 한일합병과 함께 실시된 것이다. 이는 정확히 25년째를 맞이하고 있다. 내지 일본이 50주년을 기념하면 조선은 25주년을 기념해야 하지만, 대부분의 사람들 중에 이 사실을 알아채는 이가 매우 적은 것은 유감이다. 우리는 지금 조선의 실업교육에 대해 떠올려 보고 있으나, 아직 내지 일본에 비하면 유치한 단계이다. 실업학교 수나 내용에 있어서는 일본이 낫다는 것은 말할 필요도 없으나, 조선자체를 고찰해 보면 겨우 25년 만에 이처럼 장족의 발전을 했다는 점에 이르러서는 내지 일본의 영향을 받아 크게 약진했음을 우리가 충분히 인정할 만 하고 약간 자랑스러워해도 좋을 것이다. 그러나 우리는 과거의 진보 발전한 모습에 머물지 말고, 한층 더 노력하여, 내지 일본과 조선의 차이를 조금이라도 줄이도록 힘써야만 한다.

3.

이때 상기해야 할 것은 앞에서 언급한 부산 제2상업학교를 실업학교령의 시행과 함께 설립을 한 것이다. 따라서 실업학교령 시행과 해를 같이한 개교가 금년 25주년을 맞이하는 것은 실로 당연할 것이다. 우리는 조선의 실업학교에 대해 종종 반성할 기회를 놓치고 있는데 제2상업의 창립기념일이야 말로 반성과 회고의 좋은 기회이다. 일반적으로 조선의 실업교육은 어떠한지 그 발전의 과정이 어떤지 등의 문제는 제2상업의 기념일을 통해 우리들의 머리에 떠오르게 된다. 이런 까닭으로 제2상업학교 기념일은 조선 실업교육 발전의 척도라 해도 과언이 아니다. 우리는 이런 이유로 제2상업의 창립기념일을 맞이하는 것이다. 학교 당국은 물론 일반사회가 혹시 부주의해서 이 점을 깨닫지 못했다면 이 기회에 이러한 의미가 있음을 알고 실로 기념할 만한 일임을 기억했으면 한다. 다행히 이미 이 점을 깨달은 자가 있으면 이 사실을 결코 제2상업학교 그 자체의 기념일로 국한 시킬 것이 아니라 한 걸음 더 나아가 조선 실업교육의 기념일로 충분히 반성을 했으면 하는 것이다. 우리는 신속하게 내지 일본을 따라잡아야만 한다. 아니 이를 능가해야 할 의무와 책임이 있기에, 우선 목표로 삼아야 할 점을 정확히 파악할 필요가 있다. 이는 말할 것도 없이 실업교육의 창시이며, 조선상업의 기록할 만한 제2상업학교의 발전에 주목함으로써 얻을 수 있는 것이다. 이런 의미로서 우리는 오늘 28일에 기념식을 올리는 본 학교에 대해, 최고의 경의를 표한다.

朝鮮時報

社說

實業敎育廿五年

朝鮮の發達をおもふ

攻防武器の鑑別

山本代表詳細說明

英國代表の說明要求に

堂々所信を披瀝

洛東江治水

委員會の決定

榛葉土木課長より

廿五日正式に發表

漸く戰機熟す

南北兩軍接

5

농업교육

01

경남농업교육 쇄신협의회

1930년 9월 11일 10588호 2면

경상남도에서는 이미 기사화 한 바와 같이 농업교육의 근본적 쇄신을 기하기 위하여 오늘 11일 오전 9시부터 도청 제1회의실에 진주, 김해, 밀양의 세 농학교장을 소집하여 해당 안에 대해 협의를 하고 각 교장의 의견을 청취 개진하게 되었다. 따라서 회의 결과에 따라 곧 구체적 방안을 세워 내년도부터 실시하게 할 예정이다.

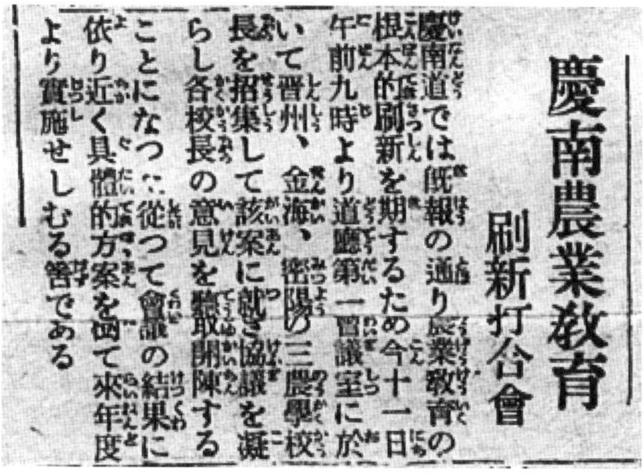

慶南農業教育 刷新打合會

慶南道では既報の通り農業教育の根本的刷新を期するため今十一日午前九時より道廳第一會議室に於いて晋州、金海、密陽の三農學校長を招集して該案に就き協議を凝らし各校長の意見を聽取開陳することになつた從つて會議の結果に依り近く具體的方案を樹て來年度より實施せしむる筈である

02

세 학교 교장을 초대 농업교육의 쇄신

1930년 9월 13일 10590호 2면

12일 경상남도 도청에서 다니谷 지사 몸소 출석 협의

경상남도에서는 농업교육의 쇄신을 도모하기 위해 이미 보도한 바와 같이 어제 12일 오전 9시부터 도청 제2회의실에서 김해, 밀양, 진주의 세 곳의 농학교장을 소집하여 다케우치 내무부장 통재 하에 개최하여 다음의 청취사항을 토대로 세 교장으로부터 각각 개선 의견을 답신하는 부분이 있었다. 출석자는 다니 지사임석 이하 도청 측 난구 산업부장, 스기 농무과장, 오다 학무과장 외 각 관계자와 이마무라 진주, 가와나 밀양, 노나카 김해의 세 명의 교장으로 오후 4시 지나 무사히 끝났다.

경상남도 당국은 다음의 개선 의견에 관한 답신을 토대로 학과과정, 실습방법, 실습장려방법, 졸업생 지도 등 여러 사항에 관해 구체적 개선안을 세워 내년도부터 이를 실시하기로 했다.

△ 농업학교장 협의회 청취사항

농업교육개선의견

(주의) 경상남도에서 농업 진흥을 위해 각 학교의 현상에 입각하여 장래에 개선해야 할 의견으로 학과 및 실습 그 외 여러 사항에 대해 구체적으로 기술할 것을 요한다.

답신서

진주농업학교장

학과과정을 개선할 것

(1) 학과과정을 폐합하여 교수 시수를 줄이고 가능한 한 오전수업으로 하여 실습 시수를 늘릴 것

이런 종류의 학교의 목적 및 조선의 특수 상태를 감안하여 학과 편중의 폐해를 개선하고 실습을 늘려 실력 양성에 매진할 것

ㄱ. 학과과정의 폐합을 시행할 것

병리, 해충, 농산물 제조, 임산물 제조, 도서를 폐지할 것

작물 개론과 품종개량을 합쳐서 경종耕種

법제 경제를 공민으로 할 것

잠체생리, 병리, 해부제사를 양잠에 포함시킬 것

ㄴ. 학과과정의 교수시간을 증감할 것

산술, 역사, 지리, 영어, 체조의 시수를 줄일 것

영어는 4학년 이상은 이를 폐지한다. 단, 상급학교 진학자에게만 시킬 것

체조는 무도를 시키기 전까지는 1시간으로 할 것

인체 생리의 시수를 2시간으로 늘리고 위생을 넣을 것

부 학과 과정 중의 학론學論인 문자를 폐지하고 명칭을 바꿀 것

학과 농업공학을 농업토목으로 변경할 것, 농예화학, 분석, 임학, 임업, 양잠, 잠업 과정 사육, 양잠, 축산 각론, 가축, 축산 개론, 사양飼養관리, 작물 개론, 경종耕種으로 바꾼다, 품종개량

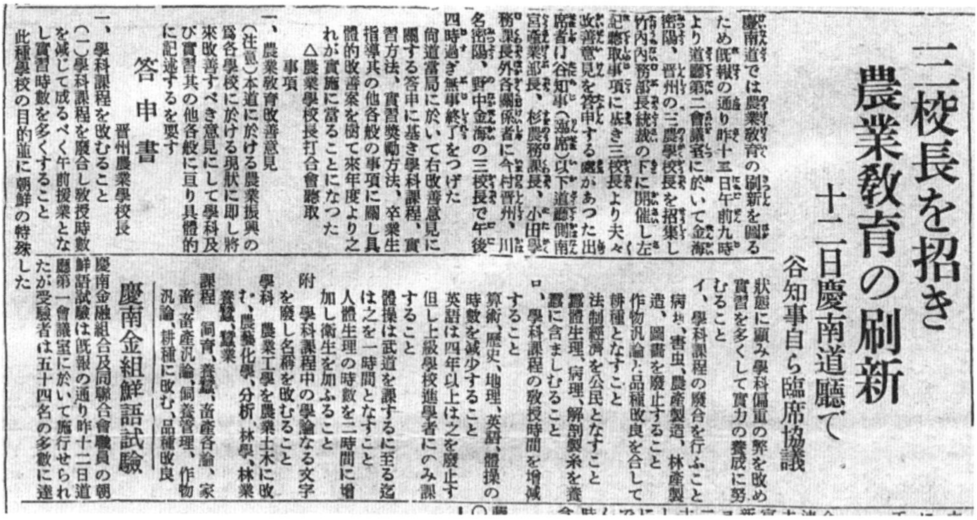

三校長を招き農業教育の刷新

十二日慶南道廳で 谷知事自ら臨席協議

慶南道では農業敎育の刷新を圖るため既報の通り昨十三日午前九時より道廳第二會議室に於いて金海、密陽、晉州の三農學校長を招集し竹內內務部長統裁の下に開催し左記聽取事項に基き三校長より夫々改善意見を答申する處があつた出席者は谷知事(途席)以下道廳側南宮産業部長、杉農務課長、小田學務課長外各關係者に今村晉州、川名密陽、野中金海の三校長で午後四時過ぎ無事終了をつげた

尙道當局に於いて右改善意見に關する答申に基き學科課程、實習方法、實習奬勵方法、卒業生指導其の他各般の事項に關し具體的改善案を樹て來年度より之れが實施に當ることになつた

△農業學校長打合會聽取事項

一、農業敎育改善意見

(注意)本道に於ける農業振興の爲各學校に於ける現狀に即し將來改善すべき意見にして學科及び實習其の他各般に亘り具體的に記述するを要す

答申書

晉州農業學校長

一、學科課程を改むること

(一)學科課程を廢合し敎授時數を減じて成るべく午前授業となし實習時數を多くすること

此種學校の目的並に朝鮮の特殊した狀態に顧み學科偏重の弊を改め實習を多くして實力の養成に努むること

イ、學科課程の廢合を行ふこと

病虫害、農産製造、林産製造、圖書を廢止すること

作物汎論と品種改良を合して耕種となすこと

法制經濟を公民となすこと

畜體生理、病理、解剖製糸を養蠶に含ましむること

ロ、學科課程の敎授時間を增減すること

算術、歷史、地理、英語、體操の時數を減少すること

英語は四年以上は之を廢止す但し上級學校進學者にのみ課すること

體操は武道を課するに至る迄は之を一時間となすこと

人體生理の時數を二時間に增加し衛生を加ふること

學科課程中の學論なる文字を廢し名稱を改むること

附

學科　農業工學を農業土木に改む、農藝化學、分析、林學、林業養蠶、蠶業

課程　飼育、養蠶、畜産各論、家畜、畜産汎論、飼養管理、作物汎論、耕種に改む、品種改良

慶南金組鮮語試驗

慶南金融組合及同聯合會職員の朝鮮語試驗は既報の通り昨十二日道廳第一會議室に於いて施行せられたが受驗者は五十四名の多數に達

과학교육

6

01
체육교육 과학 제2회 연구회

1930년 10월 17일 10624호 1면

문부성 부속 체육연구회는 체육과학의 보급을 위해 체육연구회를 개최하고 체육상의 과학적 연구를 발표하여 일반인의 참고에 도움이 되도록 하고 있다. 그 제2회 연구회는 10월 8일 오전 9시부터 간다 쓰루가다이의 여자기독교청년회관에서 개최되어 당일 발표한 연구 및 연구발표자는 다음과 같다.

아동의 질주력에 관한 한 실험 : 오가사와라 미치오, 미치가와 다스케

강건 체조 1안 : 혼마 준지

제9회 극동선수권대회 출전 선수의 체력에 대해 : 요시다 아키노부

노동자 체육의 연혁 및 현상에 대해 : 히로타 신스케

가정 체조가 여성 체질에 미치는 영향에 대해 : 다케우치 시게요

수영과 호흡 작용 : 오타 마사타카

자연 보행에 대해 : 오타니 다케이치

그 외에 전부 38건의 연구발표가 있었다.

體教科學

第二回研究會

文部省附屬體育研究所では體育科學の普及の爲めに體育研究會を催し體育上の科學的研究を發表し一般の參考に供することにしてゐるがその第二回研究會は十月八日午前九時から神田駿河臺の女子基督敎青年會館で開催されたが當日發表された主なる研究及び研究發表者は次の如くである

兒童の疾走力に關する一實驗　小笠原道生、宮川扶

强健體操一案　本間淳治

第九回極東選手權大會出場選手の體力に就て　吉田章信

勞働者體育の沿革及び現狀に就て　弘田親輔

家庭體操の婦人體質に及ぼしたる影響に就いて　竹內茂代

水泳と呼吸作用　太田正隆

自然步行に就て　大谷武一

その他で全部では三十八件の研究發表があつた

02

기술적 교육과 과학 장려에 대해

1931년 1월 13일 10704호 1면

가토 고조加藤弘三 씨 이야기

우리나라처럼 천연자원이 부족한 나라는 뭐니 뭐니 해도 기술면에서 외국과의 경쟁에서 이기는 수밖에 달리 방법이 없다. 따라서 현재 우리나라에서 가장 중요한 것은 과학이 발전해야 한다는 것이다. 종래 우리나라는 국민의 양성에 너무 법률이나 경제에만 주력하여, 이 기술적 방면의 교육을 다소 등한시한 아쉬움이 있지는 않을까? 물론 국가 재정적인 면에서 일률적으로는 얘기할 수는 없지만 이과理科학과는 비용을 많이 필요로 한다는 이유로 설치 및 확장을 억제해 온 현상은 매우 유감이라 생각한다.

오늘날 우리나라의 실태를 보건데 이미 법과, 경제과에 그렇게 많은 사람을 양성할 필요는 없을 것이다. 실제로 너무 많아 곤란한 것은 아닐까. 이에 반해 과학 분야는 사람이 별로 많지 않아 각자가 새로운 연구를 위해 새로운 것을 창조해 나가는 한, 이 분야의 사람은 아무리 많아도 좋을 것이다. 특히 응용화학 쪽은 향후 우리나라에서 가장 필요한 분야로, 대부분 이 분야를 통해 우리나라의 경제적 국력을 신장해 나갈 수 있는 것은 아닐까. 그렇기에 이런 시설로 과학연구소와 같은 곳이 있긴 하나 그쪽도 예산 관계상 충분히 성적을 거둘 수 있는 상태가 아니므로 실로 유감스러운 일이다. 하지만 이는 정부에게만 기대해서는 도저히 어려우므로 예를 들면 록펠러와 같은 예를 본받아 우리나라에서도 기부자들이 이 분야에 힘을 쏟아주었으면 한다.

技術的教育と科學の奬勵に就て

加藤弘三氏談

我が國の如き天産に乏しき國に於ては何といつても技術的方面に於て外國との競爭に勝つより他には仕方はないのであつて從つて今日の我が國に於て最も緊要とされるものは科學の發達でなければならないと思ふ從來我が國に於ては國民の養成に就ても餘りに法律とか經濟とかいふ方面にのみ力を注ぎ過ぎこの技術的方面の教育を稍閑却した憾みがありはしないだらうかもちろん國家財政の上から一概には云へないけれどもそれにしても理科學科は費用を多く要するの故を以てこれが設置乃至擴張を抑制して來てゐる現狀は甚だ遺憾な事だと思ふ

今日の我が國の狀態に於ては既に法科經濟科の方面に左迄多くの人を養成する必要はないのではあるまいか現に多過ぎて困つてゐるのではあるまいかこれに反して科學の方面に就て見るならばこゝには人の多過ぎるといふ事はないのであつて各自が新たなる研究に向つて進み新たなるものを創造してゆく限りに於てこの方面の人は幾ら澤山あつてもよいのであり特に應用化學等の方面は今後の我が國に於ては最も必要な分野であり殆んどこの方面を以てしてのみよく我が國の經濟的國力を伸張してゆけるのではないかとさへ思はれるものである然るにこの方面に於ける施設としては科學研究所の如きものがあるにはあるけれどもそれ等も豫算の關係から充分に成績を擧げてゆくことは出來ない狀態にあるのであつて誠に殘念な事だと思ふ

が、かういふ事は政府にのみ依賴してゐたのでは到底理想通りにゆくものではないのだからたとへばロックヘラーの如き例にならひ我が國に於ても富豪達がこの方面に力を注いで欲しいと思ふ

生命保險事業將來（中）

弘世生保協會理事長談

抑も生命保險事業が我國に創始せられてから今日まで約五十年になる

而して眞實に生命保險が了解せられ漸次高額の契約が締結されるに至つたのは極めて最近の事であるが兎も角も斯業が眞劍に理解せられ眞面目に其の利用を期待し得るやうになつたと言ひ得るのである我國に於ける生命保險事業はかくの如く發展普及をなし得たとはいふものゝ未だ其の密度は英米諸國に比して尚極めて低いので文化の尺度とも言はるゝ未だ充分なる發展を遂げないのは甚だ恥しい次第であるが又一面から言へば我國生命保險事業開拓の餘地は將來尚洋々たるものがあると言ひ得るのである財界不況によつて生命保險事業も幾分の打擊は免れないがそれによつて蒙る打擊は前述

03

과학교육과 간이 과학박물관

그 독립의 필요 있어

1931년 11월 17일 11005호 1면

다나베 신지田邊進二 씨 이야기

우리나라의 현재 교육 시설에 가장 필요하면서, 가장 결여되어 있는 것은 사회교육상의 과학교육시설이라고 생각한다. 이는 제1과학박물관이 최근에 이르러서야 도쿄에 생긴 것으로 지금껏 다른 주요도시에 조차 이것이 없다는 사실만으로도 알 수 있다. 외국에서는 내추럴 사이언스 뮤지엄은 미술박물관처럼 어디든 있어 그야말로 과학이 완전히 생활화되어 있다. 우리나라는 국민 전체가 과학지식이 결여되어 있는 것은 분명해 그것이 일상생활의 합리화 또는 능률화를 얼마나 방해하고 있는지는 헤아릴 수 없을 정도라 생각한다. 따라서 오늘날의 사회교육은 특히 이 분야에 유의할 필요가 있기에 과학을 생활 속으로 가져오는 소위 실질적인 교육이 꼭 필요하다. 그리고 이 과학교육의 실질화로 이후 가장 중요시해야 할 점은 박물관교육이라 본다. 박물관교육은 다른 말로는 실물교육이고, 실험교육이어서 특히 과학교육에 있어서는 이래야만 한다. 그런데 전에도 말했듯이 우리나라에는 내추럴 사이언스, 뮤지엄이 발달되지 않아 가령 그 교육이 필요해도 그 기관이 없는 것이 현재 실정이다. 물론 현재의 재정상태로 갑자기 이를 증설하려고 해도 실현 불가능한 것이 명백하기에 무리한 주문을 해봐야 소용없다. 그러나 나는 천천히 계획을 세워 진행한다면 한 지방에서 적어도 각 도시에 이것을 건설하는 것이 그렇게 어려운 일은 아니라고 본다. 범위를 제한하여 일상생활과 밀접한 것만을 골라 과학지식을 함양시키는 정도라면 그다지 큰 비용이 필요 하지는 않을 것이다. 예를 들면 현존하는 상품 진열관 같은 것을 이용하면 즉시 실현 가능한 일이다. 간이 과학박물관, 이것은 분명히 시대가 요구하는 과학교육의 주요 기관이라 생각한다.

科學教育と簡易科學博物館
その獨立の必要あり
田邊進二氏談

我が國の現在の教育的施設に於て最も必要でありながらしかも最も缺けてゐるものは社會教育上の學校教育施設だと思ふこの事は第一科學博物館といふものはとのほどに到り東京に出來たゞけで未だ他には主要都市にすらこれがないといふ寂寞たけさも感ぜられるのである外國ではナチュラル、サイエンス、ミュージャムは美術博物館と同樣に到る處にあるのであつてこれでこそ科學が完全に生活化するわけなのである我が國に於ては國民全體が科學知識に缺けてゐることはたしかであつてそれが日常生活の合理化または能率化を妨げてゐるかははかり知れないと思ふのである、だから今日の社會教育に於て特にこの方面に留意する必要があるのであつて科學を生活の上に持ち來す所謂實際化した教育が是非必要なのであるそしてこの科學教育の實際化といふ點から今後最も重視されなければならないのは博物館教育だと思ふのである博物館教育とは別言すれば實物教育であり實驗教育であつて特に科學教育にあつてはこれでなければならないと思ふのである、ところが前にもいふやうに我が國にはナチュラル、サイエンス、ミュージヤムといふものが創設して居らないのであつてたとへその教育を必要としてもその機關がないといふ現下の状況なのである、もとより現下の財政のもとに於て急にこれが增設を意圖するともその實現不可能なのは明かであるからさうした無理な注文をしたところではじまらないのであるがしかし私は徐々に計畫を進めるならば一地方に於て少くとも各都市にこれを建設することは必ずしも至難の業ではないと思ふのである範圍を限り日常生活に密接な關係を有するものゝみを選みその科學知識を涵養せしむるといふ程度ならさして大なる費用を必要とせすたとへば現存する商品陳列館の如きものを利用すれは直に實現出來ると思ふのである、簡易科學博物館、これはたしかに時代が要求する科學教育の主要なる機關だと思ふ

危まれ
期説唱へらる
目さる

として重大なる實務に任ずるこ
本に對する意見は强硬なものを
論が少くなつた日支兩國に於て
この意見が行はるゝに至つたこと
協に理事會を再び休會するので
を見出すに到らざるものとして
の形勢を待つに至るのではない

사범교육

7

01

여자사범학교의 이채, 경성 아가씨 졸업

자녀교육에 헌신하다

1917년 7월 15일 6307호 92면

오는 19일 졸업식을 거행하는 도쿄여자사범학교의 졸업생 중에 한 이채로운 평을 받은 조선 아가씨 현정자(21)라는 미인이 있다. 조선여성으로 우리 사범학교를 나온 것은 그녀가 효시이다.

그녀는 경성의 중인中人으로 우리 무사에 상당하는 가문 출신으로 다이쇼 2년1913 다른 두 여성과 함께 여자대학 부속고등여학교 3학년에 입학, 작년 3월에 졸업하여 9월에 여자사범 2부에 들어왔지만, 지원이 늦어 청강생 대우로 수학했다.

지금은 부속 소학교에서 아동을 가르치고 있는데 조금도 일본인과 다름없이 아동도 잘 따르고 있다. 같은 학교의 한 직원이 말하기를 '현 씨의 성적은 학급에서 중상위인데, 만약 처음부터 정식으로 공부했다면 분명히 2, 3위를 다투는 성적을 얻었을 것이라 생각될 정도로 명민한 두뇌를 가지고 있다.

게다가 매우 겸손한 성격으로 친구들에게 사랑을 받고 있다. 본교에서는 청강생으로 수업증서를 수여할 예정이지만, 성적도 인물도 뛰어나기에, 특별히 본과생으로 졸업증서를 수여하게 될지도 모른다고.

그녀는 졸업 후 바로 경성으로 돌아가 조선 귀족의 자녀교육에 일신을 바친다고 한다.

◎女子師範の異彩

京城娘の卒業

子女教育に獻身す

■來る十九日卒業式を擧行する女子師範學校の卒業生中に一異彩と謳はるる朝鮮娘玄貞子(二二)なる美人がある、朝鮮婦人で我が師範學校を出るのは彼女を以て嚆矢とする

■彼女は京城の中人と云つて我士族に相當する家の生れで大正二年他の二女子と共に選ばれて女子大學附屬高女三年級に入學し昨年三月卒業し九月女子師範二部に入つたが志願が遲れた爲聽講生の待遇で修學した

■今は附屬小學校で兒童を敎へてゐるが何等日本人と異りなく兒童もよく懷いてゐる、同校の一職員は語るらく「玄さんの成績は級で中の上位にあるが若し初めから正則にやつて來たならば僅かに二三番を爭ふ成績を得るだらうと思はるゝ位明敏な頭腦を有つて居る

■而も極めて謙遜な性質で友達から敬愛されて居る 本校では聽講生として修業證書を與へる筈だが成績も人物も好いので特に本科生として卒業證書を與へる事になるかも知れない」と

■彼女は卒業後直ちに京城に歸つて朝鮮貴族の子女教育に一身を獻げるといふことだ

02

사범교육 개선회의

1927년 6월 3일 9431호 2면

도 학무과에서 연구 야마시타山下 과장이 출석

부산부 학무국은 이번 달 16일부터 3일간 전 조선의 학무과장회의를 개최하여 사범교육제도 개선에 대해 심의할 예정인데, 그 전제로 야마시타 학무과장은 어제 오전 10시부터 아베 장학관, 스즈키 사무관과 함께 동 문제에 대해 협의하는 회의를 개최하여 특과제도의 개선에 대해 여러가지 심의했는데, 본과 3년을 4년으로 하든지 예과 1년을 두든지 어떤 방법으로든 개선을 해야 한다고.

師範教育
改善會議
道學務課で研究
山下課長が出席

本府學務局に於ては本月十六日より三日間全鮮の學務課長會議を開き師範教育制度改善に就いて審議する筈であるが其の前提として山下學務課長は昨日午前十時より阿部視學鈴木屬と共に同問題に付き打合せ會議を開き特科制度の改善につき種々審議したるが本科三年を四年とするか豫科一年を置くか何れの方法につき改善を策すべしと

03

사범교육 개선과 실업교육 진흥

1927년 6월 28일 9456호 2면 5단

야마시타山下 경남학무과장 이야기

장학관 회의와 대의원 총회의 문제

이번 부산부에서의 시학관視學官회의는 6월 16일부터 18일까지 3일간으로, 주된 문제는 사범교육 개선과 실업교육 진흥책인데, 두 문제에 관해서는 상당히 유익한 의견의 논쟁을 벌이고, 당국도 만족한 모양이었기에 머지않아 곧 개선 방침이 나올 듯. 또한 경상남도로서도 가능한 한 그 개선의 질을 올리고 싶어 한다. 다음으로 20일은 조선교육회의 대의원회를 열고 그 석상에서는 주로 예산에 관한 심의를 했다. 또한 23일부터 24, 25일의 3일간에 걸쳐 금강산 온정리의 조선교육회 총회에서 전문교육이나 졸업생의 장래 등에 관한 실질적인 의견을 교환했다. 여하튼 조용하고 청정한 곳으로 마음도 매우 안정된 느낌이라 교육총회에 실로 적당한 곳임을 느꼈다. 이것은 나 혼자의 느낌이 아닌 동행한 대의원 즉 세키모토 중학교장과 나카무라 제5소학교장 우에하라 마산보통학교장 등도 모두 동감한 것 같다. 이러한 의미 있는 교육총회를 마치고 본인은 원산으로 돌아 그쪽의 근황을 시찰하고 어제 청사로 돌아왔다.

師範教育改善と實業教育振興

視學官會議と代議員總會の問題

山下慶南學務課長談

今回本府に於ける視學官會議は六月十六日より十八日まで三日間で主たる問題は師範教育改善と實業教育振興策であるが兩問題に就ては相當有益の意見が闘はされ本府當局も満足の態であつたから何れ近く改善の方針に出づべく又本道としても出來得る限り其の改善の實を擧げ度いと思つて居る次に二十日は朝鮮教育會の代議員會を開き其席上主として豫算に關する審議をしたのであるが更に二十三日より四五の三日間に亘り金剛山温井里で朝鮮教育會總會專門教育や

等教育の特殊事に就て貴重なる意見の交換をやつたのであるが何しろ彼の雄麗なる仙境であるが故に自ら人心も新になる落着きが出來て教育總會には實に適當であることを痛切に感じた譯である之は獨り自分の感想許りでなく同行の代議員即ち關本中學校長や中村師五小學校長やト部馬山普校長なども皆同感であつたようである此の意義ある教育總會を濟まして自分は元山に廻り同地の近情を視察して昨日歸任したる譯である

04

진주사범의 개선 교육의 보급 내용 충실

지방의원의 희망 날카롭게 질문

1928년 02월 24일 9689호 2면 3단

당국 재정난으로써 응수

실언문제까지 일어나 도의회 들썩이다

22일 오후 회의는 12번 이장희군의 희망연설에 이어 3번 최간홍군의 산업장려비 질문이 있어서 번외 참여관이 이에 대답하고, 다음은 28번 엄익준군의 교육보급문제에 관해 면밀한 질문이 있었고, 오후 3시에 10분간 휴식하고 계속 개회하여 19번 김경진군이 교육에 관해 거세게 질문을 하고 보통교육의 보급과 실업보급교육에 관해 열렬한 희망을 진술, 교육상 드러나는 문제에 관해 개탄하고 사범교육의 부적절함을 책망했다. 주제를 바꾸어 산업정책으로 들어가 마지막으로 조선부락의 실정을 호소, 도내에 파산자 1천수백호가 있으므로 부락 진흥의 필요를 호소, 아베 내무부장은

내지 일본에 비하면 오히려 급진 교육의 충실을 기한다고 설명하고 내지 일본에 비해 오히려 조선의 교육제도의 확립이 대단히 빠름을 서술했다. 부락 진흥에 관해서는 부락 지도자가 필요한 이유를 얘기하며 그것을 자각한 자를 기다려야 하고 예산을 계상해야 한다고 설명, 사범교육 개선에 대해서는 뜻밖에도 12번과 19번 사이에 활발한 논쟁이 일어 회의장을 들끓게 했는데 14번(김성진군)이 산업장려에 관하여 기후 풍토를 참작한 비료 장려를 희망하고 가토키 농무과장이 이게 답했다. 21번(기타카와 이누사부로군) 세입세

출 전체에 걸쳐 질문하여 지방세 부가세 1원당 60전을 누추법累追法으로 부과하면 어떤지. 또한 세입세출의 계산을 원만히 하기 위해 토목비 중심의 기채起債론이 나왔는데, 나도 공감하며 현재의 방침이 철저하지 않은 것을 유감이라 말하고 신속한 기채를 희망했다. 다음으로 세출 경상부 산업 장려비 중 인건비는 1만수천 원을 늘리고 사업비 8천여원을 감소시키는 것을 질문하고 작년도 예산에 관련하여 기부금 및 국고보조가 철저하지 못함을 비난하여 야마시타 참여관은 누추법의 곤란함을 말함. 기채에 관해서는 탄력적인 재원이 없다고 말하고, 권업비, 인건비는 곡물 검사소 기수技手의 증원에 의한다고 대답했다. 12번 이장희군은 김경진군에 반대하여 실언 문제까지 부각되는 등 대단한 논쟁이 일었고, 진주사범의 신축에 만장일치의 건의가 있다고 따지면서 진주 개발론에 관한 시모오카 총감과의 질의응답을 언급하면서 질문하니 아베 내무부장이 이에 답하길 사범교육은 외형보다 내용의 충실에 중점을 둬야한다고 답했다. 2번 김병규는 예산 편성에 관해 교육 중심론에서 벗어나 빵 문제에 대해 이야기하며 사회 구제비가 너무 적음을 유감스러워 하고, 다음으로 도회지 편중의 경향을 따지며 조세공과 이외의 기부금의 부담이 큰 것을 호소, 아베 내무부장은 이에 답하고 오후 5시 20분 폐회했다.

晋州師範の改善

教育の普及內容充實

地方議員の希望鋭く質問

當局財政難を以つて應酬

失言問題まで起りて道議賑ふ

內地に比せば

寧ろ急進

教育の充實を期す

各道視學打合會議

本府會議室で

第一讀會終

第二讀會

昨廿三日午

寢返り

民政派

は置けぬと血相

見れば何者かの流言

05

결국 내년도부터 진주사범 폐지내정

1929년 1월 29일 10017호 3면

총독부의 사범교육 집약에 따른 희생

지역민의 운동도 무효

조선의 사범교육의 충실한 개선과 함께 지방 분산주의를 개선하여, 이를 적당히 통폐합, 관립사범학교로 변경하기로 결정하고 부산부 학무당국은 신중하게 조사 연구 중이었다. 이에 수반하여 도립진주사범학교의 존폐문제는 경남 사범교육의 중대문제로 현지에서는 맹렬하게 존치운동을 일으켜 견제했는데, 어제 28일 극비로 부산부 학무국은 결국 폐지하기로 결정한 취지의 공식 통지가 있었던 것 같다. 따라서 신학기 학생은 모집을 중지하고 현재 재학생은 졸업과 동시에 2년 후에 결국 폐교하기로 했다. 진주사범의 폐지로 조선 남부에서는 대구에 1개소 현재의 도립사범이 국립사범으로 승격되는 것이다. 이와 관련하여 현재 진주사범의 현재 학생은 약 200명이라고.

愈々來年度から
晋州師範廢止內定
總督府の師範教育集約の犧牲
地元民の運動も無効

朝鮮に於ける師範教育の刷新改善と共に偏せず教育主義を革め之れを適當に統合し官立師範學校に引直すことに決定し本府學務當局に於いて慎重調査研究中であつたが之れに伴ふ道立晋州師範學校の存廢問題は慶南師範教育の重大問題とし地元側では盛んなる存置運動を起し一致協調しつゝあつたが昨二十八日通牒を以て本府學務局より愈々廢止するに決定した旨の公式指令があつた模様である從つて新學期の生徒募集を取止め現在の在學生が卒業と共に二年後に愈々廢校することになつた譯である尚晋州師範の廢止と共に朝鮮では僅に一箇所現在の道立師範が官立師範に引上げらる筈である因に現在晋州師範の現學生は約二百名である

06

고등사범학교의 승격과 정신교육의 진흥

1929년 6월 29일 10164호 1면

가와무라 리스케川村理助 씨 이야기

국민 일반의 유의점

우리가 고등사범을 승격시켜 대학이 되도록 요구한 이유는 현재 사회를 감안할 때 교육진흥이 절박하고 그 이상 중요한 문제는 없다. 그런데 그 교육 분야가 아직 대학이라는 최고학부를 갖추지 못한 것은 국가를 위해서는 유감스러운 일이다. 일반적으로 교육에 있어 가장 중요한 것은 인격적 육성인데 오늘날 자칫 그 인격 육성을 목적으로 하는 수신과의 교사가 학교에서 가장 평판이 좋지 않다는 점은 교육상 한심스러운 일로 교육자가 매우 생각해 봐야 할 문제이다. 문리文理과 대학의 사명은 이 점에 있다. 단순한 지식을 높이려는 것이 아닌 인격적으로 참다운 교육자를 만드는 것, 덕으로 변화하는 인간을 만드는 것에 이 대학의 사명이 있다. 그리고 이것이야말로 교육상의 최고 목표여야 한다. 지육智育보다 덕육德育의 정신교육이야말로 현대 일본에 있어 가장 중요한 것이라 생각한다.

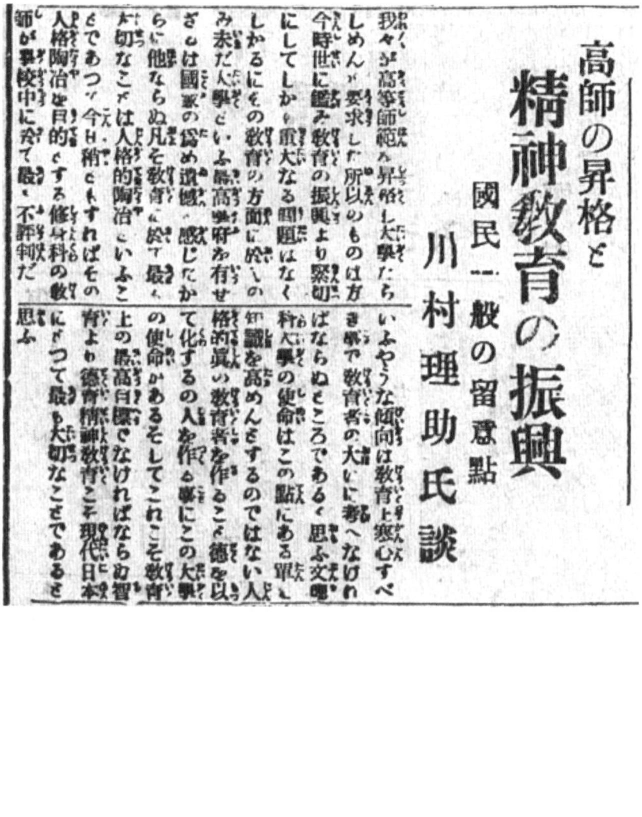

高師の昇格と

精神教育の振興

國民一般の留意點

川村理助氏談

我々が高等師範が昇格し大學たらしめんが要求した所以のものは方今時世に鑑み教育の振興より緊切にしてしかも重大なる問題はなくしかるにその教育の方面に於てのみ未だ大學といふ最高學府が有せざるは國家の爲め遺憾に感じたからに他ならぬ凡そ教育に於て最も大切なことは人格的陶冶といふことであつて今日稍ともすればその人格陶冶を目的とする修身科の教師が學校中に於て最も不評判だいふやうな傾向は教育上寒心すべき事で教育者の大いに考へなければならぬところであると思ふ文理科大學の使命はこの點にある單に知識を高めんとするのではない人格的眞の教育者を作ること德を以て化するの人を作る事にこの大學の使命があるそしてこれこそ教育上の最高目標でなければならぬ智育より德育精神教育こそ現代日本にとつて最も大切なことであると思ふ

07

도덕교육주의에 사범교육 개선

1929년 7월 29일 10194호 2면

2부의 수업연한 연장

사범교육의 개선은 전 내각시대에도 중학교 교육 개선에 이어서 심의를 거듭하였다. 현 내각에서도 고바시小橋 문부대신은 그 개선의 필요가 있음을 인식하여 조사에 착수하게 되었다. 고바시 문부대신의 이 개선안에 대한 방침은 쇼다勝田 전 문부대신의 방침과 변화 없이,

1. 사범학교 제2부를 상당히 중요시하여 수업 연한을 2개년으로 우수한 소학교 교원을 양성할 것
2. 도덕교육에 중점을 두어 인격 육성에 충분한 소학교 교원을 양성할 것
3. 지식교육보다도 실업교육에 중점을 두어 훌륭한 소학교원을 양성할 것 등과 같은 것으로 이들 방침에 따라 구체안을 작성하여 현 내각 최초의 문정심의회에 자문하기로 되어 있다.

德育主義に
師範教育改善
二部の修業年限延長

師範教育の改善は前內閣時代に於ても中學校教育改善と引續き審議を重ねて居た現內閣に於ても小橋文相はその改善の必要あるを認めこれが調査に着手せしむることとなつたが小橋文相のこの改善案に對する方針は勝田文相のものと變化なく

一、師範學校二部を相當重視して修業年限を二箇年とし優秀なる小學校教員を養成すること

二、德育に重きを置き人格の陶冶に充分なる小學校教員を養成すること

三、知識教育よりも實業教育に重きを置き立派な小學校教員を養成すること

等の如きものでこれ等の方針により具體案を作製して現內閣における最初の文政審議會に諮詢することゝなつて居る

08

철저하지 않은 사범교육의 개선

1930년 11월 3일 10640호 1면

국민교육 자각을 불러 일으키자 공민과 설치 필요

다나카田中 문부대신은 각의의 승인을 구하여 드디어 교육개선안 실시에 착수한 상태로, 그 사범교육 개선안은 또한 이번 문정심의회의 심의를 거쳐야 하기 때문에 원안이 즉각 실행될 것이라고 속단하는 것은 지나치게 경솔한 생각일지 모르지만, 어쨌든 문부성의 제도개선 내용은 우리가 기대한 것과 매우 거리가 멀고 철저하지 못하여 거의 개선의 결실을 거두기 불가능하다고 얘기되는 것은 유감스런 일이다. 예를 들면 2부 2년 전의 문제처럼 이미 실행되고 있는 부분이 많기 때문에 이와 같은 것은 문제도 되지 않을 정도이다. 또 공민과를 설치하는 것도 분명히 새로운 시대의 요구에 맞추려는 개선안이지만 단순히 공민과 설치로 과장되게 사범교육 개선이라고 하는 것은 다소 우스꽝스럽게 들리는 것은 아닐까. 우리가 바라는 사범교육은 국민교육의 중대 임무에 있어 소질의 향상과 내용의 충실이므로 사범교육 개선안의 골자 내용은 교육의 실질을 충실하게 하는 데 있다. 무엇보다도 우선 사범학교의 실질적인 향상이 필요하다. 구체적으로는 사범학교의 승격, 사범학교를 전문학교로 한다는 것이 이 개선안의 가장 중요한 점이고 이것이 기본이 되어야 하며 이 외에 달리 사범교육 개선안이라고 할 것이 있겠는가.

그런데 문부성 안은 이 중요사항을 전혀 고찰하고 있지 않으며 교육계의 여론인 사범대학 문제 같은 것에 관심을 전혀 보이고 있지 않다. 이러면 소리 높여 개선을 외쳐도 그 결실을 거둘 리 없으며 교육계의 여론을 무시하는 것도 정도가 심하다. 우리는 이와 같이 철저하지 못한 개선안에는 철두철미하게 반대하고 교육계의 여론으로 단호히 개선안을 주장하여 참된 사범교육 개선안을 실시해야만 한다고 생각한다.

不徹底なる師範教育の改善

國民教育自覺を叫び起せ

公民科の設置必要

田中文相は閣議の承認を求めいよ〱教育改善案の實施にとり掛る模樣であるがその師範教育改善案は何れ今度文政審議會の審議を經なければならぬであらうから原案が直に實行されるものと速斷するのは早計に失するかも知れないがいづれにしても文部省の改制要項なるものは我々の期待したところと甚だ遠くその不徹底さは殆ど改善の實を擧ぐる事不可能と稱せられるのを遺憾とするものである

たとへば二部二年前の問題の如き既に實行されてゐるところの方が多いのであるからかくの如きは問題にもならぬほどのものでありまだ公民科を設くるといふが如き事もたしかに新らしい時代の要求に合致せんとする改善案ではあるけれどもしかしながら單に公民科設置といふが如きものを以てことことしく師範教育改善等といふは聊か滑稽にすら聞えるものではあるまいか師範教育に於て我々の希求するところのものはこの國民教育の重大任務にあるものゝ素質の向上と內容の充實であつてだから師範教育改善案の骨子內容は教育の實質を充實させるにあるのだから何よりも先づ師範學校その者の實質向上が必要なのであつて具體的に云へば師範學校の昇格師範學校を專門學校とするといふことがこの改善案に於ては最も重要な地位を占むる根基的事項となつてゐなければならないのであつてこれなくして何の師範教育改善ぞやと云ふべきであらう

然るに文部省案に於てはこの重要點が全然顧みられてゐないのであるから從つて教育界の輿論たる師範大學の問題の如きも全然片影をも見せてはゐないのであつてこれでは聲を大にして改善を叫ぶもその實のあがる筈なく教育界の輿論を無視する事も甚だしいと云はなければならぬ我々はかゝる不徹底なる改善案には徹頭徹尾反對であるから教育界の輿論を以てして斷乎改案を主張し眞の師範教育改善案を實施せしめなければならないと思ふものである

09

사범교육 개선 원안대로 가결하는가

1930년 12월 14일 10679호 2면

문정심의회 특별위원회

문부성의 사범교육 개선안을 위탁받은 특별문정심의회 특별위원회 제2회차는 12일 오후 1시 반부터 문부대신 관저에서 개회. 에기江木 부총재, 하야시林 위원장 이하 위원, 문부성에서는 나카가와中川 차관 이하 각 관계자 출석. 바로 전 회의에 계속하여 의사를 진행하여 전 회의의 위원회에서 각 위원의 의견 개진이 있었기 때문에 이미 질문을 종료한 것으로 간주하고, 심의를 할 예정이다. 동 위원회의 의향은 사범교육개선안 중의 본과 제2부 단독설치에 관해 12명 위원의 질의가 있었던 것을 빼고 찬성을 표하고 있다. 결국 본과 제2부 단독설치를 희망하는 의견을 첨부하는 정도로 늦어도 다음번 위원회에서 만장일치 가결되어 금년 중에 문정심의회를 통과할 것으로 보여진다.

師範教育改善 原案通り可決か

文政審議會特別委員會

文部省の師範教育改善案を附託された特別文政審議會特別委員會第二回目は十二日午後一時半より文相官邸に於て開會江木副總裁林委員長以下委員文部省よりは中川次官以下各關係出席直に前回に引續き議事に入り前回の委員會に於て各委員より夫々意見の開陳があつたため既に質問を終了したものと見なしこの際審議を行ふ筈であるが同委員會の意向は師範教育改善案中の本科第二部單獨設置に關し一二委員より質疑があつたことを除いて贊意を表してゐるが結局本科第二部單獨設置の希望意見を附する程度で本日の委員會は遲くも次回委員會に於いて滿場一致可決され本年中に文政審議會を通過するものとみられてゐる

10
사범교육 개선
1930년 12월 17일 10682호 2면 4단

문정심의회 특별위원회

사범교육개선에 관한 문정심의회의 제3회 특별위원회는 15일 오전 10시부터 문부대신 관저에서 개회 하야시 위원장, 에기 부총재 이하 각 위원 및 문부성에서 다나카 문부대신, 노무라, 나카가와 양 차관, 다이마 참여관, 각 국장 출석. 전회에 이어 즉시 회의에 들어가 오카다, 에기, 야마카와, 후지이, 후지사와, 가마타, 하세가와 각 위원의 질문에 문부 당국의 답변이 있었다. 통일문제에 관한 2개조의 희망사항을 결의하고 정오에 산회했다. 다음은 오는 18일 오전 10시부터 이어서 개회할 예정이다.

▲ 희망사항

1. 사범학교의 교원 대우를 높여, 공사립의 7년제 과정의 학교와 동등한 것으로 하고 싶다.
2. 소학교 교원의 감봉은 국민교육에 중대한 영향을 미치므로 다른 경비는 절약하더라도 교원 봉급은 감액하지 않기를 원한다.

師範教育改善

文政審議會特別委員會

師範教育改善に關する文政審議會の第三回特別委員會は十五日午前十時から文相官邸に於て開會林委員長江木副總裁以下各委員並に文部省から田中文相、野村、中川兩次官、大麻參與官、各局長出席前回に引續き直に會議に入り岡田、江木、山川、櫻井、澤柳、鎌田、長谷川各委員の質問に對し文部當局の答辯あり統一問題に關する二ヶ條の希望事項を決議し正午散會した次回は來る十八日午前十時から引續き開會する筈である

▲希望事項

一、師範學校の教員の待遇を高め公私立の七年制高程の學校と同等のものにせられたい

一、小學校教員の俸給は國民教育上重大なる影響があるから他の經費は節約しても教員俸給は減額せざるようにして貰ひたい

11
사범교육 문제

1930년 12월 25일 10690호 1면

다나카 다다쓰구田中忠次 씨 이야기

사범교육의 문제는 지금 가장 논의의 중심이 되고 있는 1부주의인가 2부주의인가 하는 것이다. 이는 무리하게 당국이나 혹은 일부 사람이 그 어느 쪽으로 결정하려고 하는 것이 잘못이다. 오히려 자연스럽게 해결되도록 두는 것이 좋지 않을까. 예를 들면, 2부의 단독 설립의 경우에도 어쩔 수 없는 경우 외에는 허가하지 않는다는 당국의 설명이 있었던 모양인데, 특별히 불허할 필요도 없는 것으로 사회적 정세가 2부의 단독 설립을 필요로 한다면 그 또한 전혀 상관이 없다. 만약 2부의 교육에 부족한 부분이 있다면 그것에 대한 적당한 교수방법을 취하면 된다. 또 가령 1부가 아니면 안 된다고 해 보았자 여러 사회적 정황상 2부가 편의상 좋다면 자연스럽게 2부 중심이 되는 것은 명백하기에 이들 문제는 자연스런 추세에 맡기는 것이 가장 올바른 것이라고 생각한다.

師範教育問題

田中忠次氏談

師範教育の問題に於いて今最も論議の中心となつてゐるものは一部主義か二部主義かといふ事であるが一體かういふ事は無理に當局や或は一部の人々がそのいづれかに決定しようといふのが間違ひであつてむしろ自然の解決に任せる方がよいのではないかと思ふ、たとへば二部單立の問題にしても止むを得ざる場合の他は許可しない等といふ當局の説明があつたやうであるが何もこれ等の事はさう斷はる必要もない事であつて社會的狀勢が二部單立を必要とするならばそれで一向差支へないのであつて若し二部の敎育に於て缺ける所ないといふならばそれに對する適當なる敎授方法をとればよいのであつてよしまたたとへ一部でなければならぬといつたところで諸種の社會的事情が二部を便宜とするやうになれば自然の解決に於て二部本位となるのは明かなのだからこれ等の問題は自然の趨向に任せるのが最も正しい事だと思ふ

12

교육의 개혁과 여고등사범학교의 존폐 문제

1931년 9월 3일 10933호 1면

과연 수습될지 어떨지

신학제의 발표와 여론

신학제안이 발표된 이래 교육계에는 미증유의 충격을 야기하고, 특히 애초 폐지한다고 했던 문리과 대학, 고등사범 관계자 및 학생 생도는 극도로 당황하였고 모교의 사활문제인 동시에 우리나라 교육계의 중대문제로 학생 생도 및 전국 관계자는 속속 상경하여 대회를 개최하고 맹렬한 운동을 이어 나갔는데, 그 결과 문리대 및 고등사범은 이것을 폐지하는 것과는 별도로 사범대학을 설치한다는 것까지는 도달했지만, 같은 고등사범이라도 도쿄 및 나라의 여자고등사범은 현상 그대로 존치되는 것으로 결정 났기 때문에 다년간 희망했던 여자고등사범 승격도 결국 허망하게 끝나는 셈으로, 이것으로 여자고등사범 측이 수습될지 어떨지는 매우 주목을 받고 있다.

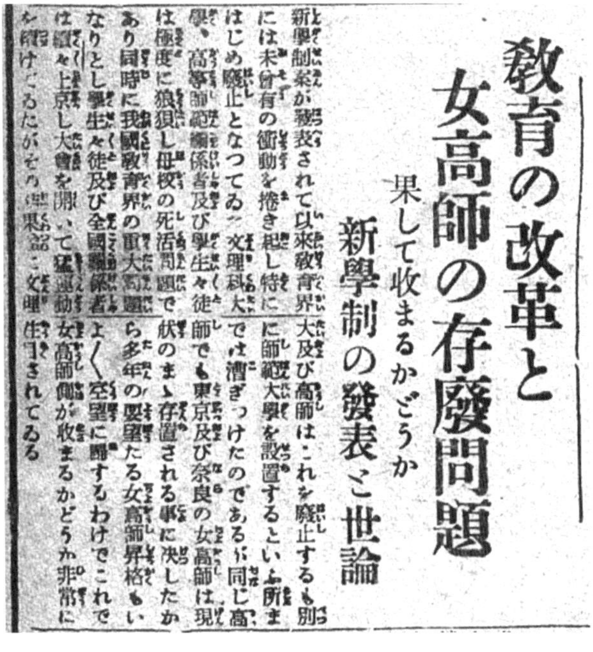

教育の改革と女高師の存廢問題

果して收まるかどうか

新學制の發表と世論

新學制案が發表されて以來教育界には未曾有の衝動を捲き起し特にはじめ廢止となつてゐる文理科大學、高等師範關係者及び學生々徒は極度に狼狽し母校の死活問題であり同時に我國教育界の重大問題なりとし學生々徒及び全國關係者は續々上京し大會を開いて猛運動を續けてゐたがその結果留〻文理大及び高師はこれを廢止するも別に師範大學を設置するといふ所まで漕ぎつけたのであるが同じ高師でも東京及び奈良の女高師は現狀のまゝ存置される事に決したから多年の要望たる女高師昇格もいよく空望に歸するわけでこれで女高師側が收まるかどうか非常に注目されてゐる

13
학제 대개혁 우선 사범교육 쇄신

1933년 11월 14일 11707호 1면

대략적인 원안을 작성하여 금주 또는 다음 주 중에 문부성회의

(동경발) 하토야마 문부대신은 학제개혁의 제1수단으로 사범제도의 근본적 개선에 착수하여 내정 국책수립의 한 방법으로까지 보고 있고, 지난번부터 입안 중인 다케베 보통학무국장, 모리오카 교육제도조사 회장 등의 연구조사도 마쳤기 때문에 우선 부현府縣의 사범학교 및 사범대학의 조사가 끝나면 이어서 여자사범 및 여자사범대학 개혁안을 작성하여 이번 주말 또는 다음 주에는 문부성 회의에 상정하기로 되어 있다.

學制大改革
先づ師範教育刷新
大体の原案作成し
今週又は來週中に省議

(東京發)鳩山文相は學制改革の第一手段として師範制度の根本的改善に手を染め內閣國策樹立の一方法と迄見てゐるので過般來立案中の武部普通學務局長、森岡教育制度調査會長等の研究調査も終へたので先づ府縣の師範學校及師範大學の調査が濟み引續き女子師範及女子師範大學改革案を作成し今週末又は來週には省議にかけることになつてゐる

め牛肉を入れて又暫く炒めます次に別の鍋に脂肪を熔かしてメリケン粉を入れ狐色になる迄炒めてトマトソースを加へ良く混ぜてストックでゆるめてドロッとした濃い液を作ります之に最初炒めて置いた玉葱、牛肉を入れて塩、胡椒で味を調へ暖かい御皿の上にタップリ掛けグリンピースを振りかけて暖かい内に食べます

新刊紹介

△少女俱樂部(十二月號)

14

사범교육 개선안 다시 검토하다

야마마스山桝 참여관에게 즉시 조사시키다

1934년 7월 31일 11958호 2면 1단

(도쿄발) 마쓰다 문부대신은 전 내각시대부터 연구가 진행되고 있는 사범교육 개선을 내년 1월부터 실시할지 어떨지 야마마스 참여관에게 재검토를 실시하게 하였기에, 야마마스 참여관은 문정심의회의 연구안을 바탕으로 가능한 한 빨리 조사를 완료하게 되었다.

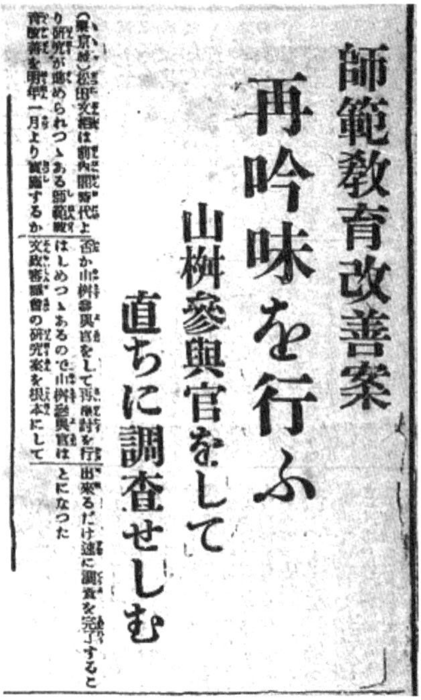

師範教育改善案
再吟味を行ふ
山桝參與官をして
直ちに調査せしむ

(東京發)松田文相は前內閣時代より研究が進められつゝある師範教育改善を明年一月より實施するか否か山桝參與官をして再檢討を行はしめつゝあるので山桝參與官は文政審議會の研究案を根本にして出來るだけ速に調査を完了することになつた

사범교육 개선 조사회

1934년 8월 14일 11972호 2면 3단

중등교원 면허자의 실지 훈련을 시행하다

(도쿄발) 문부성은 최근 교육쇄신을 위하여 사범교육조사회에서 대책을 연구 중인데, 단지 관공사립대학을 졸업하면 전국 중등교원의 약 3분의 1은 무시험 검정 후 교원이 되는데 이러한 교원들은 교육자로서의 신념 및 훈련이 부족한 부분이 많아서 이번에 문부성에서는 중등교원 훈련비 13만 5천 엔을 내년도 예산으로 계상하여, 우선 도쿄, 히로시마 두 고등사범학교에 1년에 6명 내외의 무시험 교원 훈련을 시행하게 되었는데 이의 실현은 매우 주목되고 있다.

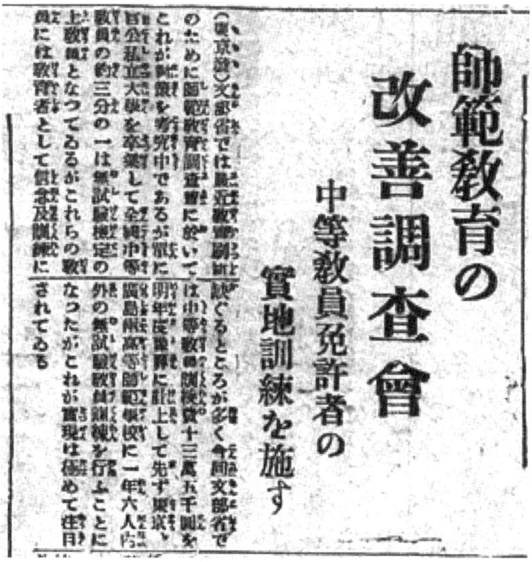
師範教育の改善調查會

中等教員免許者の實地訓練を施す

(東京發)文部省では最近教育刷新のために師範教育調査會に於いてこれが對策を考究中であるが單に官公私立大學を卒業して全國中等教員の約三分の一は無試驗檢定の上教員となつてゐるがこれらの教員には教育者として信念及び訓練に缺ぐるところが多く今回文部省では中等教員訓練費十三萬五千圓を明年度豫算に計上して先ず東京、廣島兩高等師範學校に一年六人内外の無試驗教員訓練を行ふことになつたがこれが實現は極めて注目されてゐる

8

유아교육

01

교육과에서는 '유아교육'을 한다

1923년 5월 9일 8106호 3면

부산고등여학교 신설의 보습과 방침에 얽매이지 않는 현모양처를 만든다

부산고등여학교에서는 4월 1일부터 보습과를 병설하여 졸업생의 보습지도를 하고 있다. 본 보습과는 본교 교우회의 경영에 관련된 것으로 현재 15명의 학생이 있다. 동 보습과를 병설한 목적은 마침내 여자로서의 자각기인 17, 18세에 졸업하고 아직 1년 더 배우고싶다고 자발적으로 생각하는 사람을 학년 관계상 사회로 내보내야 한다는 그 점을 보충한다는 의미이다. 여학교의 수학 연한이 5년 내지 6년이면 문제는 없지만, 오늘날과 같이 4년이면 이 방법에 의존하는 것 외에는 없을 것이다. 안도 교장이 주도하는 생각을 토대로 학과도 가정생활의 기초를 만드는 것에 중점을 두어 가사, 재봉, 수예, 수신, 국어, 원예교육이라는 과목을 중심으로 하고 있다. 교육과 등은 유아교육 또는 태교에까지 이르고 있다. 이것에 대해 안도 교장이 말하기를 '정말로 진지하게 공부를 하고 싶어졌을 때 졸업하기 때문에 딱하다, 그래서 보습과를 두어 가정생활의 기초를 만들기 위해 1명이라도 많이 희망자를 교육시켜서 장래 진정한 의미에서 고정된 가치관에 구속되지 않는 현모양처를 만들려고 생각한다'.

教育科では『幼兒教育』をやる

釜山高女新設の補習科

方針は囚はれない良妻賢母を造る

釜山高等女學校に於ては四月一日から補習科を併置して卒業生の補習指導を爲してゐる同科は同校々友會の經營に係るもので目下十五名の生徒を有して居る同科を併置した目的は漸く女としての自覺期たる十七八歳の時に卒業し未だ一年習ひたかつたと自發的に考える様になつた人を學年の關係で社會に出さねばならない點を補ふ意味である女學校の修業年限が五年乃至六年であれば問題はないが今日の様に四ケ年である以上此の方法に依るより外はあるまい安藤校長の周到なる考への許に學科も家庭生活の基礎を造る事に重きを置き家事裁縫手藝修身國語圖畫教育と云ふ様な科目を主體としてゐる教育科などは幼兒教育又は胎教と云ふ事までに及んでゐる之れに就いて安藤校長曰く『ほんとに眞面目な勉强のしたいと思ひ付いた時に卒業するのだから氣の毒である、で補修科を造つて家庭生活の基礎を造る爲めに一人でも多くの希望者を教育して將來ほんとの意味に於ける囚はれない良妻賢母を造りたいと思つてる』

02

유아교육을 위해 유치원 설립

1926년 2월 18일 8977호 3면

현재 부산부에서 설립 출원 중인 것이 이미 2건이나 있다

부산의 향학열은 조선인 측이건 내지 일본인 측이건 대단한 기세로 나아가고 있는 것은 사실상 보통학교의 입학 지망자 수만 봐도 충분히 짐작된다. 이와 같이 소아의 교육도 활발해져, 최근 초량 복수원福壽園에서 이번에 정식으로 유치원을 설립하게 되었다. 이미 부산부 학무과에 그 서류를 제출 중이며. 또한 영도에도 그 필요성이 있어 희망자가 연명으로 설립 청원을 제출했다.

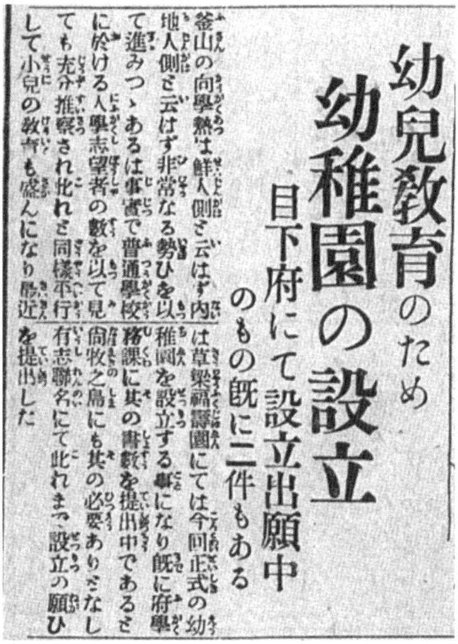
幼兒教育のため

幼稚園の設立

目下府にて設立出願中のもの既に二件もある

釜山の向學熱は鮮人側と云はず內地人側と云はず非常なる勢ひを以て進みつゝあるは事實で普通學校に於ける入學志望者の數を以て見ても充分推察され此れと同樣平行して小兒の教育も盛んになり最近は草梁福壽園にては今回正式の幼稚園を設立する事になり既に府學務課に其の書類を提出中であると尚牧之島にも其の必要ありとなし有志聯名にて此れまで設立の願ひを提出した

03

<사설> 유아교육의 중점

1933년 4월 25일 11508호 1면

잘못된 유치원 교육 당사자도 학부형도 주의

1.

거의 생각하지 않았던 유아교육이 최근 현저히 두드러졌다. 유치원의 보급과 발전은 실로 놀랄 만하다. 그러나 종래의 유치원이 여러 외국을 모방한 탓인지, 형식에만 얽매여, 유치원 교육이 자칫 잘못된 방향으로 향하는 것은 매우 유감스러운 일이다. 유치원은 결코 우리가 교육이라는 말로써 형용할 수 있을 정도의 협소한 관념은 아니다. 또 그런 생각으로 이를 본다면 대단한 착각이다. 유치원은 가르치는 것을 목적으로 하는 교육장이 아님을 깊이 인식해야만 한다. 세간에서는 종종 유치원은 소학교육의 전제로 이해하는데 정말 시간상으로는 소학교 입학 전에 시행하는 것이기에 소학교육의 전제처럼 생각한다. 하지만 그것은 단지 마침 시간적으로 전후일 뿐, 결코 그 전제는 아님을 단연 여기에 명기해 둔다. 유치원을 소학교의 전제라고 생각하기 때문에 소학교 입학 후, 유치원 졸업자와 그렇지 않은 자를 비교하여 그 성적을 조사하는 것이다. 소학교의 성적을 좋게 하기 위해 유치원에도 간단한 읽기, 쓰기, 수의 관념을 가르치라고 하는 이도 나오고 있다. 노래나 유희만이라면 유치원에는 입학시키지 않는다는 가정이 있는데, 이들은 유치원에 대해 가장 잘못된 인식을 하는 학부형이다.

2.

그렇다면 유치원은 무엇을 가르치는 곳인가. 우리는 극단적으로 말해 유치원은 결코 가르치는 곳이 아니라고 단언한다. 그렇다면 무엇을 하는 곳인가. 솔직히 유치원은 아동 스스로 집단으로 노는 곳이다. 스스로 집단생활의 일원으로 훈련하는 곳이다. 유치원에는 5, 6, 7세까지의 유아가 입학한다. 5, 6세의 유아라고 하면 오로지 가정 안에서 부모의 지도를 받을 뿐이다. 가정이 사회의 일부라고 보면 무엇보다도 유치원을 선택할 필요가 없지만, 가정과 유치원과는 그 사이에 보이지 않는 다른 아동이 있다. 그 안으로 들어가 스스로를 집단생활의 일원으로서 그 날을 보내는 것은, 훗날 사회에 나가 단체 생활을 할 때 얼마나 큰 효과를 거두겠는가. 그 어린아이의 마음에 그리는 사회생활이야 말로 훗날에 도움이 되는 것이다. 유치원의 고귀한 교육관을 구태여 원한다면 여기에 있는 것이다. 가정에서 한 걸음 사회로 나간 유아는 유치원 생활에서 괴롭게도 자기 마음대로 하지 못한다는 것을 발견할 것이다. 그러나 유아가 자신의 자유를 위해 다른 유아의 자유를 빼앗아서는 유치원 생활을 할 수 없음을 알게 된다. 여기에서 유치원 생활이 밀접하게 사회생활의 일부임을 말할 수 있다. 단지 보모는 이 유아들의 유치원 생활을 사회적으로 잘 훈련하고, 교육하고, 지도하면 되는 것이다.

3.

이런 사명감과 목적을 가진 유치원 교육이 좁은 의미에서도 교육이 아닌 것이 명백해진다. 왜 읽기 쓰기의 기술을 필요로 하는지, 유아는 이만큼의 훈련을 하는 것만으로 이미 큰 역할을 하는 것이다. 만약 그릇된 보모가 소학교의 전제로서 간단한 교과를 가르친다고 하면 거기에 큰 무리가 따를 뿐만 아니라, 완전히 유치원 교육은 근본부터 파괴된다. 오늘날의 유치원은 유감스럽지만 그 올바른 유치원의 견해에 최선의 노력을 기울이는 곳이 적다. 가정의 유치원에 대한 잘못된 생각으로 인해 유치원이 부지불식간에 저지르는 잘못된 유치원 교육으로 추락하고 있다. 만약 유치원이 소학교의 전제라면, 뭐든지 다 가르치는 그 자체 교과에 일부러 보모의 손을 빌릴 필요는 없다. 오늘날의 가정은 부모든 형제든 유치원의 교과 정도를 못하는 이는 없다. 오늘날의 교육은 모두 중등교육 정도의 보급을 하고 있어 보모의 힘을 빌려야 할 일은 절대 없다. 이러한 실상인 교육의 실제에도 유아의 유아원 교육을 필요로 함은 아주 약간의 예비교육만은 아님을 말하는 것으로, 우리는 오늘날의 유치원 교육이 참된 사명과 목적을 향해 최대한의 노력을 해야 하고 유치원과 학부형의 생각을 고쳐야 함을 알게 된다.

社說
幼兒教育の重點
誤まった幼稚園教育
當事者も父兄も注意

東支鐵副理事長へ
嚴重な反駁書を送る
機關車の返還請求
當然滿洲國の所管に屬す

滿洲國憲法制定
趙院長のもとで立案
積極的に調査を開始

機關車の返還
僅か四輛だけ
滿洲國第二の實力行使

斷乎膺懲の用意
支那の大軍結集に
關東軍幕僚の談話

中村枝隊の奮戰
匪軍全滅に近い

9
군사교육

01

조선과 군사교육

1925년 6월 4일 8732호 2면 4단

연구할 여지가 크게 있다

문부성내에서 개최된 전국 상업학교장회의에 참석한 후쿠시福士 부산 제2 상업학교장은 방문한 기자에게 대략 다음과 같이 말했다.

이번 회의에서 첫번째 문제가 된 것은 군사교육을 실시함에 있어서 수업 시간의 증가와 입영 후의 중학교 졸업자와 실업학교 졸업자 사이의 대우에 차이를 두지 않도록 하는 것에 관한 문제였다. 특히 조선에 있어서의 군사교육은 내지 일본과 달라 조선인의 병역은 의무가 아니기에 이를 어떻게 할지에 대해서는 상당히 고려해야 하지만 후쿠시 씨는 우리들에게는 중대문제와 다름없지만 일반적인 의제로서는 어떤 결정이 난 것은 아니다. 이것은 언젠가 가까운 시일 내 개최될 조선 내의 학교장회의에 회부될 것이다. 아직은 실시는 내년이기 때문에 충분히 연구한 후 결정해야 한다고 생각한다.

朝鮮と軍事教育

大に研究の餘地がある

文部省内に於て開かれた全國商業學校長會議に列席した福士德山第二商業學校長は往訪の記者に大要左の如き事を語つた今回の會議で一番問題になつたのは軍事教育施設に於ける授業時間の增加と入營後の中學校卒業者と實業學校卒業との間に於ける待遇の差異を設けぬ樣にする事に關する問題であつた殊に朝鮮に於ける軍事教育は內地と異り朝鮮人の兵役は義務ではないから之れを如何にするかに就いては相當に考慮が拂はれた譯であるが然し氏は我々に取つて重大問題に相違なきも一般の議題としては何等の決定を見た譯ではない之れは何れ近く開かるる朝鮮內の學校長會議に附せらるゝ事であらう未た實施は來年であるから十分研究した後決定すべきであると思ふ

ばならん事は其の實業教育は資格とかそんな固くるしいものにせずに時により年により望みによりてこれに應ずる施設をなす事が最も肝要である

殖銀利下

一厘乃至二厘

朝鮮殖產銀行は貸出金利の引下協議中であつたが愈成案を得たので近く總督府の認可を得て引下を發表の筈であるが大體產業金融は年利一厘商業金融は同じく一厘乃至二厘方引下を行ひ今後の同行貸出金利は全部一割以下とする意嚮であると推される

朝鮮事情

佛國活動

02

군사교육은 조선에도 머지않아 실시

1925년 6월 20일 8747호 3면 5단

일본에서의 성적은 양호

우선 일본인 학교부터

히케타引田 제20사단장은 19일 아침 입항한 관부연락선으로 부산에 상륙, 호텔에서 잠시 휴식한 후 동래 온천으로 향했는데, 방문한 기자에게 말하기를,

올해부터 실시된 군사교육은 내지 일본의 각 학교에서는 대단히 성적이 양호하기 때문에 조선에도 실시될 가능성이 있다. 다만 일본인, 조선인 공학의 학교에서는 약간 상황이 나쁘기 때문에 실시한다고 하면 우선 내지 일본인만의 학교부터 실시될 것이다. 1년 지원병제도도 군사교육의 성적을 본 다음에 개정하기로 했다고 한다. 운운

軍事教育は朝鮮にも近く實施

內地の成績は良好

先づ內地人の學校から

引田第二十師團長は十九日朝入港の關釜連絡船にて釜山上陸ホテル少憩の後東萊溫泉に向つたが往訪の記者に語つて曰く

今年から實施された軍事教育は內地の各學校では頗る成績良好であるから朝鮮にも實施される可能性を有つて居る尙內鮮人共學の學校では一寸都合が惡いから實施するとせば先づ內地人のみの學校から實施されるであらう一年志願兵制も軍事教育の成績を見た上で改正されることになつて居る云々

鑑賞小立(六女)(九)朗讀若葉の山道(五女)(十)合唱金魚たぬき踊(二女)(十一)齊唱新子守歌(四女)(十二)朗讀瀨戶內海(六女)(十三)獨唱海の朝(高一女)(十四)合唱七夕祭(高二女)(十五)兒童劇お使忘れて(四男)(中間休憩

後の部 (一)齊唱ホタルコイ(一女)(二)お話月さん(三)獨唱カラス(一男)(四)遊戲白虎隊(六女)(五)兒童劇鳩の宮(六)齊唱春の別れ(五女)(七)お話月光の曲(高二男)(八)合唱ホーランド回顧(高二男)(九)獨唱汽車の茶摘(三男)(十)合唱風

03

조선 학교에 군사교육을 실시

1925년 7월 7일 8764호 3면 4단

당분간은 어려운가? 아직 그 시기가 아니다

조선, 타이완, 관동주, 사할린 등의 신영토 및 식민지에서 여러 학교에 군사교육 시행의 취지가 3일 공포되었다는 도쿄 전보가 있었는데, 그것에 대해 경상남도 학무과의 모 씨는 말하기를,

그런 도쿄 전보가 신문에 실렸는데, 단지 이것만으로는 어떤 것인지 판단하기 어렵다. 생각컨대 실시할 경우의 여러 규정을 법문으로 나타낸 것으로 언제부터 일제히 실시한다라는 것을 지정한 것은 아니다. 일찌기 내지 일본의 여러 학교에서 군사교육을 실시한다는 은밀한 논의가 있었다. 당시 총독부의 학사행정 관계 당국자도 조선내의 학교에서는 어떻게 할지에 대해 고려하고 협의한 것 같다. 그 결과 내지 일본에서 실시한 성적이 어떤지 천천히 관망해야 한다. 바꾸어 말하면 실시할지 말지는 현안으로서 후일로 보류하기로 의결하여 본 부 상사의 양해를 얻음과 동시에 중앙정부의 용인을 받았기 때문에 지금 갑자기 실시한다고 변경하는 것은 전혀 있을 수 없는 일이라고 자신은 생각하고 있다. 운운

朝鮮の學校に軍事教育を實施

當分は難かしい？

まだその時期でない

朝鮮臺灣關東州樺太等の新領土及び殖民地に於ける諸學校に軍事教育施行の旨三日公布されたとの東電があつたがそれに就て慶南道學務課の某氏は曰く

そんな東電が新聞に載つてゐたが唯これだけでは何のことか判斷に苦しむが思ふに實施する場合の諸規程を法文に現はしたもので何時から一齊に實施するものだと云ふことを指定したものではないから曩に内地諸學校に軍事教育を實施するとの内議があつた當時總督府の學事行政關係當局者に於ても鮮内の學校ではどうするかと云ふことに就て考慮し協議したらしいその結果内地で實施した成績の如何を徐に觀望す可く換言すれば實施するか否かは懸案として後日に保留することに議決し本府上司の諒解を得ると同時に中央政府の容認を經て居るから今猝かに實施することに變更されるやうなことは全然あり得ないことだと自分は想像して居る云々

04

조선 군사교육 내년 봄부터 실시

1925년 8월 8일 8795호 2면 2단

조선인학교는 보류

조선의 군사교육 실시 시기에 대해서 총독부 당국은 세심하게 그 범위 및 구간에 대해 고려하고 있었는데, 드디어 내년 4월부터 이를 실시하기로 내정했다. 또한 그 범위는 현재 징병유예 및 1년 지원병으로 지원해서 나갈 수 있는 특전이 있는 27교에 한하고, 문제가 된 조선인 학교 즉 고등보통학교에 대해서는 이번에는 실시하지 않는 것 같다. 하지만 지금 중학교를 같이 다니는 조선인 학생에 대해서는 별도로 구획을 나누지 않고 다른 생도와 마찬가지로 취급하는 것 같다.

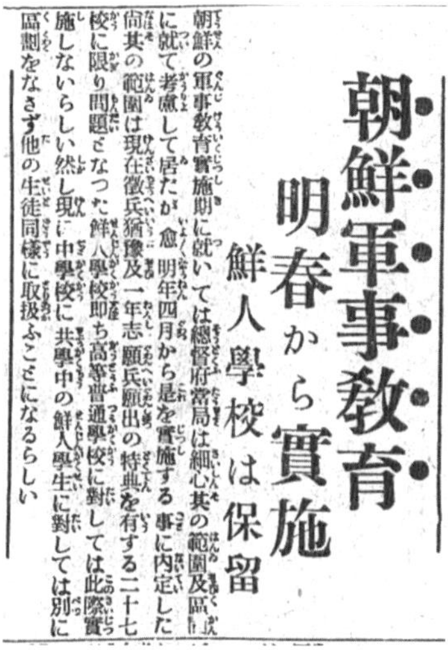

朝鮮軍事教育

明春から實施

鮮人學校は保留

朝鮮の軍事教育實施期に就いては總督府當局は細心其の範圍及區劃に就て考慮して居たが愈明年四月から是を實施する事に内定した尚其の範圍は現在徴兵猶豫及一年志願兵願出の特典を有する二十七校に限り問題となつた鮮人學校即ち高等普通學校に對しては此際實施しないらしい然し現に中學校に共學中の鮮人學生に對しては別に區劃をなさず他の生徒同様に取扱ふことになるらしい

05

조선 군사교육

1925년 9월 6일 8823호 2면 4단

드디어 내년부터 시행

총기 6천 정 구입 예산

(경성 전화) 조선에서는 1926년다이쇼 15년 이후에 시행기일 등을 결정한다고 했던 중등학교에 부과하는 군사교육은 마침내 내년도15년 4월 1일부터 시행하기로 하고, 정무총감의 양해를 얻어 서류는 3일 오후 심의실에 회부되었기 때문에 머지않아 회의를 개최하여 결정한 후에 일반에게 공표될 예정이다.

이 문제는 시행 그 자체에 관해서는 물론 이의는 없었지만, 그 시행범위는 내지 일본과 사정이 달라 일본인/조선인 공학의 학교 등이 많이 있어서 해결이 곤란하여 학무국의 협의도 마무리되지 않았는데, 최근 구체안을 만들어서 이李 학무국장이 3일 총독에게 설명하려고 했는데, 당일 총독은 관저에서 나오지 않아서 일단 심의실로 회송하였다. 안의 내용은 대체로 1926년부터 시행하고 그 범위는 중학교, 사범학교, 갑종실업학교의 약 56개교로 각 학교의 조선인 생도 및 전문학교 약 20개교에 대해서는 희망에 따라 이를 가르치기로 한 것 같다.

물론 고등보통학교와 같이 조선인 교육을 목적으로 한 곳은 원칙적으로 시행하지 않지만 만약 동종의 학교에 병역 의무가 있는 생도가 있는 경우는 이들을 중등학교로 전학하도록 한다든지 적당한 방법을 강구한다고 한다. 수업시간은 내지 일본에서도 학교에 따라 다른데 조선에서는 대체로 1주일에 2시간에서 4시간 정도로 예상되며, 조만간 결정될 예정이다. 시행에 따른 소요경비는 각 학교 모두 총기를 소유하고 있는 곳은 거의 전무해서 약 5~6천 정은 구입이 필요하므로 1정 약 10원으로 5~6만 원. 여기에 장교 부임 여비 2~3만 원을 더해 7~8만 원이면 될 것이다.

朝鮮軍事教育
愈々來年度から施行
銃器六千挺購入の豫算

（京城電話）朝鮮に於ては十五年度以降に施行期日其他を決定すると云はれてゐた中等學校に課する軍事教育は愈々來年度（十五年四月一日）より施行する事となり政務總監の諒解を得て書類は三日午後審議室に廻附されたから近く總監を開き決定の上一般に公表さるゝ筈である

此の問題は施行そのものに

關しては勿論異存はなかった譯であるがその施行範圍に至つては內地と事情を異にし內鮮人共學の學校等多くあつて解決困難とされ學務局の協議も纏まらなかつたのであつたが最近具體案を作製し李學務局長は三日總督にも説明せんとした所當日總督は官邸に引籠つてゐた爲め取敢ず審議室に廻送したのである案の內容は大體十五年度より施行しその範圍は中學校師範學校甲種實業學校の約五十六校とし各學校の鮮人生徒及專門學校約二十校に對しては希望に依り之を教授することになつてゐるらしい

勿論高等普通校の如き鮮人

教育を目的とする所は原則的に施行はせぬが若し同様の學校に在校の義務を有する生徒あつた場合は之を中等學校に轉學するやうにするか便宜な方法を講ずると云ふ事になるらしい教授時數は內地でも學校に依り相違してゐるが朝鮮では一週二時間より四時間までの程度といふ見當であるが之等は近く決定する筈である施行に際しての所要經費としては各學校共銃器を所有せるもの殆ど皆無の爲め約五六千挺は購入を要する譯で一挺約十圓として五六萬圓之れに將校の赴任旅費二三萬圓を加へて七八萬圓で濟む譯である

釜山檢牛所
牛舍直營
移出牛組合

釜山の移出牛檢疫所の牛舍は創設時代から朝鮮興業會社が設備をして檢疫所に提供しその代償として使用管理は會社に委任されて今日に至つてゐるが最近に至り釜山移出牛組合はこの牛舍を組合の直營にして貰ひたいと希望し……で不可能であれば組合の手に移されるやう請願した組合としては檢疫所牛舍を使用するものは組合員であるから組合が經營するのが最も適切で現在の如く一營利會社に委任されることは……

06

주저하던 조선의 군사교육

1925년 10월 13일 8859호 2면 1단

부산에서 조선군사령관 스즈키鈴木 대장 말함

마침내 내년부터 실시

청소년 교육은 다음에 할 예정

조선군사령관 스즈키 소로쿠 대장은 나카무라 부관을 데리고 대연습 참관을 위해 10일 밤 잔교 도착 열차로 부산에 왔다. 다카키 헌병 분대장 등의 마중을 받아 같은 날 밤 출범한 연락선으로 내지 일본으로 향했다. 선실로 스즈키를 방문하자 대강 다음과 같이 말했다.

육군 대연습 때문에 위해 두번 다시 없을 조선신궁 진좌제에 참석하지 못하는 것은 대단히 유감이다. 그러나 어쩔 수 없으므로 조선으로 돌아가면 즉시 참배하고 싶다. 항상 망설여서 아직 결정하지 못한 조선 군사교육의 문제에 대해 물어보면 — 그것은 이미 결정한 일이 아니냐고 반문한다. 하지만 예산이 수반되기에 일률적으로 말할 수 없으나, 내년도에는 꼭 하고 싶다는 생각이다. 이에 필요한 예산은 내 생각으로는 30만 엔 정도로 당국에서도 이 중대 문제를 예산 때문에 성립시키지 않는 일은 절대로 없다고 믿고 있다. 이것은 우선 중등학교 이상의 생도에게 부과하는 것이지만, 이번에 문제가 된 것은 조선인 학생을 어떻게 할지의 문제이다. 내 생각으로는 조선인 학생도 역시 폐하의 백성으로서 국가에 도움이 되는 자이므로 이들을 제외할 필요는 없다고 생각한다.

청소년의 군사교육 언제부터 할지는 지금은 미정

다음으로 문제가 되는 것은 청소년의 군사교육이다. 내지 일본에서 이미 가능성이 있다고 하는데 조선에만 가능성이 없다고 할 리가 없다. 그래서 나는 학생 군사교육을 실시하는 오늘 반드시 청소년의 군사교육도 실시하고 싶은 생각이다. 이것은 학생의 군사교육처럼 결정적인 것은 아니지만 청소년의 군사교육은 학생의 군사교육과 더불어 중용하지 않을 수 없는 것이다.

『二の足』を踏んだ 朝鮮の軍事教育

愈々明年度から實施 青少年教育は追つてやる積り

於釜山 朝鮮軍司令官 鈴木大將談

朝鮮軍司令官鈴木荘六大將は中村副官を隨へ大演習參觀のために十日夜棧橋着列車にて來釜高木憲兵分隊長等の出迎へを受け同夜出帆の連絡船にて內地に向つたキヤビンに氏を訪へば大要左の如く語つた

陸軍大演習のために二度とない朝鮮神宮鎭座祭に列席の出來ぬは非常に遺憾である然し萬止むを得ない歸鮮の上は直に參拜したい常に二の足を踏んで未だに決定しない朝鮮軍事教育の問題に於て質せば――それは既に決定してゐる事ではないかと反問され然し豫算が伴ふので一概に云へないが明年度には是非やりたい考へである之れに要する豫算は私の考ふる所では三十萬圓の見當で當局でも此の重大問題を豫算の爲めに不成立に終ることは絕對にないと信じて居る之れは先づ中等學校以上の生徒に課するであるが此際に問題となるのは鮮人學生を如何にするかの問題である私の考へでは鮮人學生も矢張陛下の赤子として國家の爲めになるものであるから之等を除外する必要はないと思ふ

『青少年』の軍事教育

いつから遣るかは 今の處未定

次に問題となるのは青少年の軍事教育になる內地に於て既に可能性があると云ふのに朝鮮に限つて其の可能性がないと云ふ道理はないそれで私は學生の軍事教育を施す今日是非青少年の軍事教育も施したい考へであるこれは學生の軍事教育の樣に決定的のものではない兎に角青少年の軍事教育は學生の軍事教育と相俟つて軍事缺くべからざるものである

07

군사교육을 받는 부산의 중학생

1925년 10월 19일 8864호 1면 6단

오는 11월 4일부터 대구 80연대에 입영

부산중학교에서는 체육 이외에 국민정신교육을 하는 방법으로 매년 10월 중순 3학년생 이상의 생도를 전부 대구연대에 입영시켜 군사교육을 받게 하고 있는데, 올해는 조선신궁의 대제로 체육부 선수 등이 전부 서울로 가기 때문에 다음 달로 연기하여 11월 4일부터 4일간 2학년생 이상의 생도를 전부 대구보병연대에 입영시켜 모든 군사생활을 시킨다고. 덧붙여 동교에서는 내년도부터 시행되는 군사교육에는 두 팔 벌려 환영하며 점점 그 충실을 도모할 의향이라고.

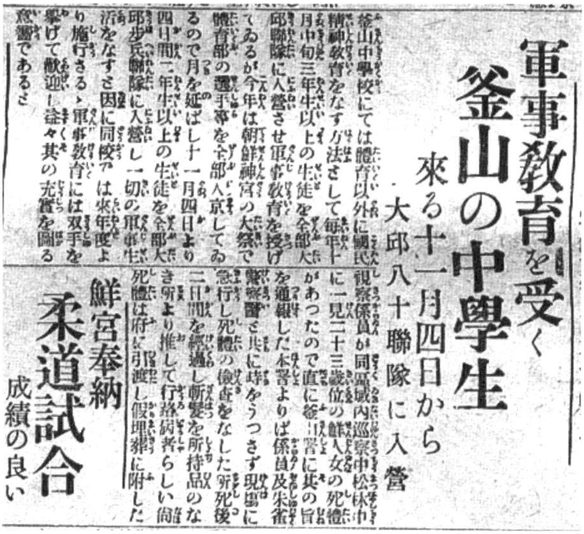

軍事教育を受く
釜山の中學生
來る十一月四日から
大邱八十聯隊に入營

釜山中學校にては體育以外に國民精神教育をなす方法として毎年十月中旬三年生以上の生徒を全部大邱聯隊に入營させ軍事教育を授けてゐるが今年は朝鮮神宮の大祭で體育部の選手等を全部入京してゐるので月を延ばし十一月四日より四日間二年生以上の生徒を全部大邱步兵聯隊に入營し一切の軍事生活をなすと因に同校では來年度より施行さるゝ軍事教育には双手を擧げて歡迎し益々其の充實を圖る意嚮であると

視察係員が同區域内巡察中松林中に一見二十三歲位の鮮人女の死體があつたので直に釜山署に其の旨を通報した本署よりは係員及朱雀警察醫と共に時をうつさず現場に急行し死體の檢査をなした所死後二日間を經過し斬髮を所持品のなき所より推して行路病者らしい尙死體は府に引渡し假埋葬に附した

鮮宮奉納
柔道試合
成績の良い

08

연합평의회는 '군사교육'이 주제인가

1926년 2월 2일 8962호 2면 1단

부산에서 용산연합회장 마에다 노보루前田昇 소장 말함

조선으로서는 특히 중요

오늘 6일부터 열리는 전국 재향군인 평의원회에 출석하기 위해 마에다 노보루 소장은 용산 연합회를 대표하여 31일 아침 잔교 도착 열차로 부산에 와서 같은 날 밤 출범한 연락선으로 내지 일본으로 향했다. 마에다씨를 열차 안으로 방문한 바 다음과 같이 말했다.

연합 평의원회의 분들은 매년 1회 개최하기 때문에 별로 새로운 것은 없지만, 이번의 도쿄 방문을 계기로 현재 현안인 조선의 청소년 군사교육에 대하여 무언가 좋은 안을 찾아내고 싶다고 생각한다. 어쩐지 조선은 내지 일본과 느낌이 다른 사정이 많이 있어서 어려움이 있다. 우리는 청소년의 군사교육은 재향군인과도 밀접한 관계가 있기 때문에 교육자도 오히려 이 방면에서 선택해 주면 좋겠다. 그러나 여기에는 종종 폐해를 수반하기에 일률적으로는 말할 수 없다. 어쨌든 의논을 한 후가 아니면 충분한 것은 말할 수 없다고 한다.

聯合評議會は『軍教』が主題か

朝鮮としては殊に大切

於釜山 龍山聯合會長 前田昇少將談

本日六日より開かれる全國在鄉軍人評議員會に出席のため前田昇少將は龍山聯合會を代表し三十一日朝棧橋着列車にて來釜同夜出帆連絡船にて內地に向つた氏を車中に訪へば左の如く語つた

聯合評議員會の方は每年一回づゝ開催するので別に新しい事ではないが今回の東上を機として目下懸案になつてゐる朝鮮の青少年軍事教育に就いて何事か良案を見付けたいと思つてゐる何分朝鮮として內地と趣を異にする事情が多々あるので困る我々の方では青少年の軍事教育は在鄉軍人とも密接なる關係があるので教育者も寧ろ此の方面から選んでもらひたい然し之れには種々弊害が伴ふので一概には云へないまあ相談の上でないと充分なる事は云へない云々

09

금년도부터 실시하는 중등학교의 군사교육

1926년 3월 18일 9005호 2면 1단

부산에서 하세가와 고요우가카리長谷川御用掛 말함

이번의 총독 초대 전보는 실시준비의 교섭인가

교장회의는 4월 상순

이번의 총독 초대 전보는 올해 4월부터 실시하는 중등학교의 군사교육에 관해 직접 육군 당국과 협의 후 준비하기 위함일 것이다. 실시 학교는 한정되어 있고 그 범위도 대체로 정해져 있기 때문에 새삼스레 귀찮은 일은 일어나지 않겠지만, 다만 군인 배치에 관해 그 지배가 학교장의 권한에 있기에 그러한 것에 다소 걱정은 있다. 물론 교관인 군인의 수당 등에 관해서는 내지 일본의 그것과 조금도 다름이 없어 학교로서는 병기를 구입하면 된다. 병기에 관해서는 이미 본 부산부 쪽에서 그 교섭을 하고 있기 때문에 실시하는 데는 전혀 지장이 없다. 또 현지 학교는 상당한 준비를 하고 있다고 생각한다.

준비를 위하여 교장회의 4월 상순 개최

물론 이것에는 세심한 주의를 기울여 앞으로 비난을 받고 싶지 않다. 그런 의미에서 4월 상순 관계 중등학교장 및 직접 교련을 담당할 자와의 협의회를 총독부에서 하는 것으로 하여, 상세한 것은 그때 설명하기로 하였다.

사정이 허락하면 청소년도 포함한다

단 지금으로서는 거기까지 진행되고 있지는 않은 것 같다

모든 사정에서 그 상황이 서로 크게 다르기 때문에 이번에 실시하는 중등학교의 군사교육과 동시에 할 수 없는 것은 이런 것 때문이다. 그러나 언젠가 2, 3년 안에는 그런 분위기로 가는 것은 말할 것도 없다. 국방은 한사람이나 지식계급이 독점하는 것이 아니라 국민이 평등하게 그 국면에 대처해야 한다. 그 의미에서 조선에서도 청소년의 군사교육을 시행하는 것은 당연하다. 그러나 조선은 내지 일본의 국방에 비해 주위의 국방의 견지에서 내지 일본사단을 조선에 이전하는 것은,

예전부터 총독부의 희망이기도 하며

또 육군부 내에서도 유력한 의견으로 보고 있지만, 지금으로서는 필요하기는 해도 이를 허용하는 경제 상태는 아니라고 생각한다. 그래서 이 문제는 지금은 흐지부지한 상태이다.

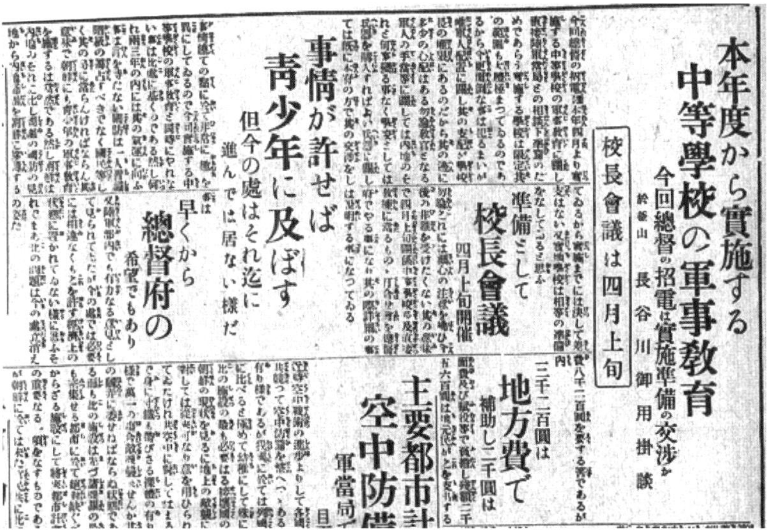
本年度から實施する
中等學校の軍事教育
今回總督の招電は實施準備の交渉か
於釜山 長谷川御用掛談
校長會議は四月上旬
準備として
校長會議
四月上旬開催
事情が許せば
青少年に及ぼす
但今の處はそれ迄に
進んでは居ない樣だ
早くから
總督府の
希望でもあり
三千二百圓は
地方費で
補助し二千圓は
主要都市に
空中防備
軍當局

10
조선 전역 중등학교의 군사교육 실시

1926년 4월 17일 9033호 2면 1단

드디어 5월 초순부터 머지않아 장교와 교장 협의

중등학교 이상의 군사교육에 대해서는 이미 보도한 바와 같이 조선인학교에는 실시하지 않기로 하고, 학무국과 군 사이에 준비 중이었는데, 마침내 공립중학교 9교, 주로 내지 일본인을 수용하는 학교 4교 및 경성사범학교에 실시하게 되었다. 날짜는 이미 4월 1일부터로 되어 있지만, 실제로는 5월 초순으로 될 것이라 한다. 이것은 배속 장교를 육군대신이 결정하니까 지연된 것이지만, 곧 발표한다고 한다. 교련 수업의 과목은 내지 일본과 마찬가지로 별로 바뀐 곳은 없지만 집총 교련은 가장 위의 2개 학년으로 한다. 단 내지 일본과 다른 점은 사범학교 연습과에 대한 교수 과목뿐이며 그것도 내지 일본에는 연습과라는 성질의 과가 없기 때문에 별도로 더했을 뿐이다. 수업시에는 배속 장교는 해당 학교장의 지휘감독을 받게 되어 있으나, 체조시간은 이에 따라 주 2시간 증가되었다. 부족한 총은 약 4백 정인데, 이는 육군으로부터 무상으로 양보 받기로 되어 있다. 또한 총독부에서는 배속 장교의 결정과 함께 장교 및 시행 학교장을 소집하여 수업에 관한 협의를 시행할 예정이다.

全鮮中等學校の軍事教育實施

愈々五月初旬から

近く將校と校長の打合せ

中等學校以上の軍事教育については既報の如くこれを朝鮮人學校に實施せざることゝし學務局、軍の間に準備中であつたが愈々公立中學校九校、主として内地人を收容する學校に陸軍現役將校を[illegible]學校に配屬することゝなり期日は既に四月一日よりとなつてゐるが實際は五月初旬になるやもあらうと云はれてゐる。これに配屬將校の決定が[illegible]段に從つて決定されるので[illegible]した譯である。近く發表されるであらう。である。教練教授の要目は内地と同樣で別に變つた點はないが教練教練は[illegible]を[illegible]としてある點内地と異るところは[illegible]學校教練科に關する教授要目だけでそれも内地には[illegible]といふ性質のものがないために特に加へられただけである。教授に際しては配屬將校は當該學校長の指揮監督を受くることになつてゐるが[illegible]はこれに從つて、第二學期を[illegible]されたこれに對する[illegible]は約四百圓であるがこれは[illegible]より[illegible]出されることゝなつてゐる[illegible]では近く[illegible]將校の決定と共に及び[illegible]學校長を招集し教授に關する打合せを行ふことになつてゐる

11

제1회 조사의 학교 군사교육

1926년 11월 13일 9238호 3면 3단

장교 배속은 14개교 모두 좋은 성적을 올리다

작년 내지 일본에서는 중등학교○○의 각 학교에 현역장교를 배속하여 학교 교련을 실시한 이래 올해 3월까지의 조사에 의하면 내지 일본, 남만주 및 사할린에서 장교를 배속할 자격이 있는 학교 총 1,164개교 중 이미 장교 배속을 마친 곳이 1,134개교에 이르며, 미 배속 학교는 전문학교 이상의 30개교만으로 중등학교는 전부 완료했다. 조선에서도 올해 5월부터 현역장교를 배속하여 학교 교련을 실시하기로 하였지만, 조선에서는 여러 관계상 중등학교 이상 장교를 배속할 자격이 있는 학교 34개교 중 우선 중등학교 14개교에서 현역장교의 배속을 받아 모두 5월 하순 내지 6월 상순부터 교련을 실시하고 있는데, 오늘까지의 정황에 의하면 대단히 양호하게 진전되고 있다. 즉 학교 측은 학교 교련의 목적을 이해하여 이 과목 설치를 대단히 환영하고 있으며, 종래 자칫하면 방종하고 제멋대로 흐르기 쉬운 경향이 있었던 생도의 기풍이 현역장교의 배속에 의해, 한 예를 들면 학교에서 교실 또는 강당으로의 출입 동작이 점차 질서 바르게 되고 다수 생도의 교외인솔이 힘들지 않게 정연하게 행해지고, 혹은 단체행동의 경우 규율절제로써 행동하고 있다. 그 외 생도의 교직원에 대한 예의가 더욱 두터워지고 또 지각자가 감소하고 출석율이 증가하며, 생도의 언동이 점차 양호해지는 것 등은 모든 학교 당국이 한결 같이 인정하고 있으며 복장 상태가 점차 양호해지거나 혹은 기숙사에서의 생활을 절제하고, 혹은 통학 도중 전차 내에서의 태도, 또 학교의 복도, 식당에 있어서의 행동도 스스로 절제하고 적절하게 맞추는 자가 매우 많아졌다고 한다. 이런 것들은 일상의 이목을 끄는 효과의 겉모습을 열거하는데 지나지 않는다. 이에 더하여 내면적으로 효과를 거두고 있는 것은 이제야 일반에게 인식되고 있는 중이다. 그러나 조선에 있어서의 학교 교련은 실시한 지 얼마 되지 않았고 또한 실시 범위도 일부분에 국한되어 있기 때문에 아직 내지 일본의 각 학교와 비교하면 크게 노력하고 반성해야 할 여지가 매우 많다고 생각한다.

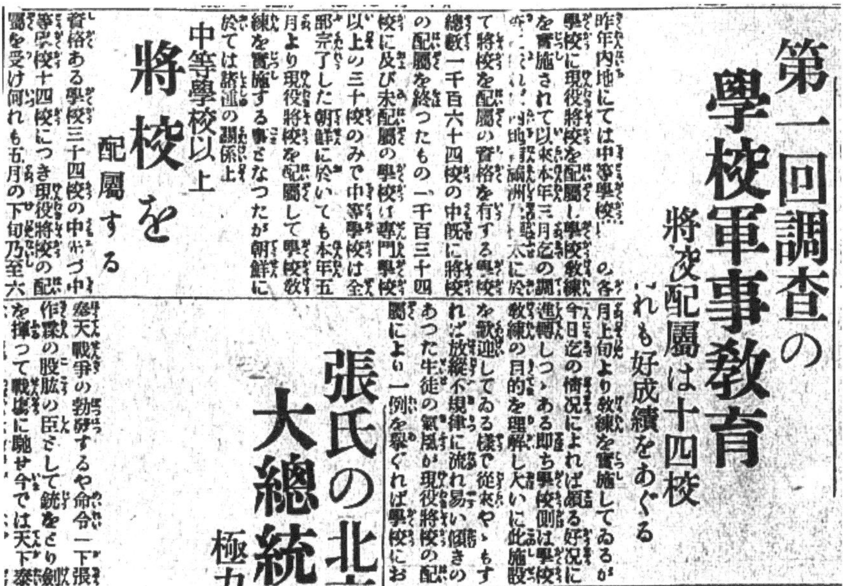

第一回調査の學校軍事敎育

將校配屬は十四校

何れも好成績をあぐる

昨年內地にては中等學校以上の學校に現役將校を配屬し學校敎練を實施されて以來本年三月迄の調査によれば內地樺太滿洲に於て將校を配屬の資格を有する學校總數一千百六十四校の中既に將校の配屬を終つたもの一千百三十四校に及び未配屬の學校は專門學校以上の三十校のみで中等學校は全部完了した朝鮮に於いても本年五月より現役將校を配屬して學校敎練を實施する事となつたが朝鮮に於ては諸種の關係上

中等學校以上

將校を配屬する

資格ある學校三十四校の中先づ中等學校十四校につき現役將校の配屬を受け何れも五月の下旬乃至六の各月上旬より敎練を實施してゐるが今日迄の情況によれば頗る好況に進轉しつゝある即ち學校側は學校敎練の目的を理解し大いに此施設を歡迎してゐる樣で從來やゝもすれば放縱不規律に流れ易い傾きのあつた生徒の氣風が現役將校の配屬により一例を擧ぐれば學校にお

張氏の北

大總統

極力

奉天戰爭の勃發するや命令一下張作霖の股肱の臣として銃をとり劍を揮つて戰場に馳せ今では天下泰

12
조선의 특수사정으로 군사교육의 사회화

1929년 8월 15일 10211호 2면 3단

미나미南 군사령관 시모노세키에서 말함

총독부와 함께 크게 노력 하겠다

국경 경비의 확장은 곤란하지 않다

(시모노세키 전보) 오는 20일경 부임 예정인 신임 조선군사령관 미나미 지로 중장은 고향인 오이타현에서 귀성 중이었는데, 13일 아침 시모노세키로 와서 사무 인계를 위해 산요호텔에 투숙중인 가나야 전 군사령관을 방문하고 호텔방에서 회견하여 사무 인계를 마쳤다. 중장은 부임에 앞서 다음과 같이 말했다.

조선 근무는 처음이지만, 군무에 관한 것은 항상 연락을 취하고 있기 때문에 인계를 받을 것도 없이 사무는 모두 잘 알고 있지만, 뭐니 뭐니 해도 조선은 처음 가는 땅이므로 내지 일본과는 또 다른 사정도 있을 것이기에 열심히 공부해야 한다. 앞으로 보통학교 1학년생이 되어 조선을 잘 알고 싶다. 국경 경비 확장, 항공대나 기병대 증설, 군마의 충원 등은 국방상 필요하지만, 긴축의 시기라서 어려운 문제일 것이다. 청년훈련소 신설문제는 가나야 군사령관과 충분히 협의할 생각인데, 조선은 내지 일본과는 사정이 다르기 때문에 이것은 군사교육과는 별개로 하여, 사회교육으로 총독부와 연락을 취하여 반드시 하고 싶다고 한다.

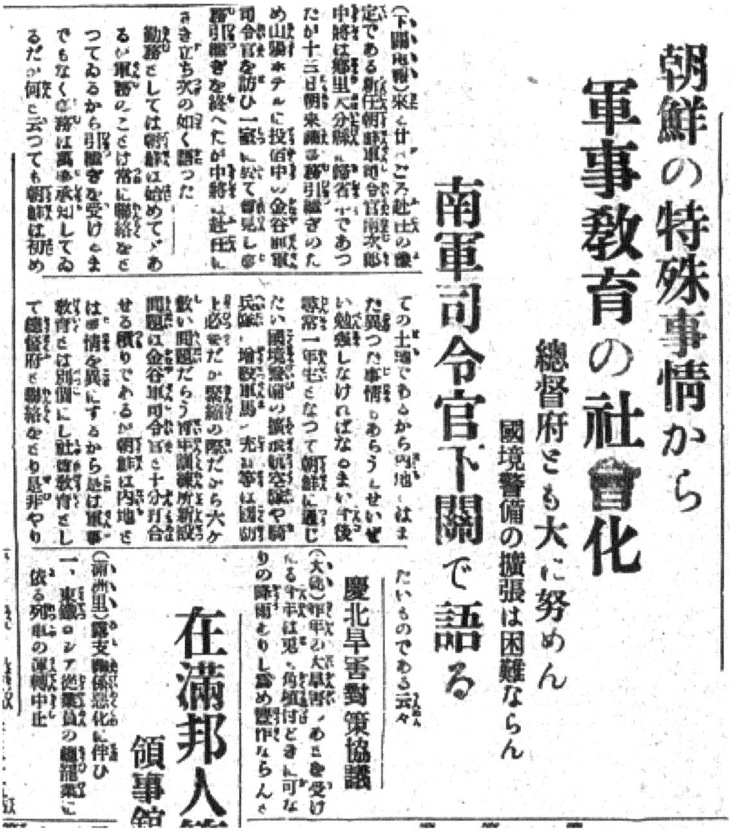

朝鮮の特殊事情から 軍事教育の社會化

總督府とも大に努めん

國境警備の擴張は困難ならん

南軍司令官下關で語る

（下關電報）來る廿一日ごろ赴任の豫定である新任朝鮮軍司令官南次郎中將は郷里大分縣に歸省中であつたが十三日朝來關事務引繼ぎのため山陽ホテルに投宿中の金谷前軍司令官を訪ひ一室に於て會見し事務引繼ぎを終へたが中將は赴任に先き立ち次の如く語った

軍務としては朝鮮は始めてゞあるが軍務のことは常に聯絡をとつてゐるから引繼ぎを受けるまでもなく事務は萬事承知してゐるだが何と云つても朝鮮は初めての土地であるから内地とはまた異つた事情もあらうとせいぜい勉強しなければなるまい今後當非常一戰となつて朝鮮に通じたい國境警備の擴張は飛行機や騎兵隊、増設軍馬、兵器等は國防上必要だが緊縮の際だから大ケ敷い問題だらう青年訓練所新設問題は金谷軍司令官と十分打合せる積りであるが朝鮮は内地とは事情を異にするから是は軍事教育とは別個にし社會教育として總督府と聯絡をとり是非やりたいものである云々

慶北旱害對策協議

（大邱）本年の大旱害で被害を受けたる本年は更に稻植付どきに可なりの降雨ありし爲め豐作ならんと

在滿邦人 領事館

（滿洲里）露支關係惡化に伴ひ

一、東鐵ロシア從業員の總罷業に依る列車の運轉中止

13

부산 제2상업학교 생도 군사교육

1933년 11월 5일 11698호 3면 3단

대구 보병연대에서

부산 제2상업학교에서는 오는 9일부터 11일까지 3일간, 제5학년 생도 77명은 직원 3명이 인솔하여 대구 보병연대 내에서 병사와 생활을 함께 하며 군사교육을 받는다고 한다.

釜山二商生
軍事敎育
大邱歩兵聯隊で

釜山第二商業學校では來る九日より十一日まで三日間第五學年生徒七十七名は職員三名に引率され大邱歩兵聯隊内に兵士と起居を共にし軍事敎職をうける由

14

<사설> 군사교육의 보급

1934년 6월 19일 11916호 1면 1단

조선인 학생에게도 확대

국방관념을 함양하다

1.

조선에서 고등보통학교, 사립전문학교에는 아직 군사교육이 실시되고 있지 않다. 학교 당국의 사정, 군부의 예산, 장교의 조달 때문이기도 하지만 대체로 군사교육을 해도 징병의무와 아무 관계없는 조선인 학생에게는 군사교육이 조금도 실질적 효과가 없기 때문이다. 즉 내지 일본인 학생은 훗날 입영할 경우에 군사교육을 받으면 그만큼의 특전이 부여된다. 이익을 따지는 입장에서 보더라도 군사교육은 필요하다. 또 학교 경영자도 군사교육을 받지 않으면 징병유예의 특전이 없으며, 징병 적령기의 전문학교에는 군사교육이 있고 없고는 중대한 관계가 있지만, 조선인에게는 징병은 조금도 관심이 없기 때문에, 이런 점으로 학교 당국으로서도 자발적으로 군사교육을 요구할 필요도 없으며, 이런 원인으로 현재까지 조선인학교에는 고등보통, 사립전문학교에서는 군사교육을 하고 있지 않았다. 어쩌면 이유가 없으면 안한다고 생각되지만, 그러나 오늘날의 추세는 군사교육의 실질적 효과를 인식하게 되었다. 이것이 뜻밖에 군사교육의 실시를 요구하기에 이른 원인이다.

2.

총독부 학무국에서는 내년도부터 대구, 평양의 두 의전 및 경성, 평양, 대구의 세 고등보통학교의 5개교에 우선 실시하게 되었다. 물론 3년전부터 충북 청주, 전북 전주의 2개교는 이미 실시하여 상당한 성적을 거두었으므로 조선인 학생에게 군사교육을 실시하는 것도 결코 미지수의 일은 아니다. 훌륭하게 시험을 마친 것이다. 따라서 내년도부터 실시하는 그들 5개교에 있어서도 상당한 성적을 거둘 수 있을 것이라 생각하지만, 군사교육의 실제적 효과에 대해 내지 일본인 같은 관심을 거의 가지지 않는 조선인 학생에게 군사교육이 어떻게 환영받게 되었는지에 대해 음미할 필요가 있다. 우리가 첫 번째 이유로 들어야 할 것은 국방관념이 왕성하게 되었다는 것이다. 조선인의 국방의식이 옛날의 그것이 아님을 입증하는 것이다. 국가의 정책에 대립하던 일부의 반 국가주의자의 선전에 현혹되고 있었는데 갑작스럽게 자각하게 되었다. 이것을 거듭 크게 말하면, 조선인의 국가사상 내지 국가 관념이 발전했다는 증거라고 말할 수 있다. 국방은 실로 국가지상주의의 근본정신에 입각하고 있다. 국가를 중시하는 군사사상이 없으면 국방은 성립하지 않는다. 이 의미에 있어서 조선인 사이에 군사교육이 환영받는 것은 조선인 청년들의 국가사상이 어디쯤에 있는지 상상할 수 있다고 할 수 있다.

3.

두 번째는 군사교육이 교육 그 자체로써 심신의 훈련에 유효한 것을 알게 된 것이다. 또한 훗날 만주방면에서 활동하는 경우, 우선 자신을 지키는 소임을 맡아야 하고, 그러지 않으면 도저히 만주 진출도 불가능하다. 그 경우 총을 조련할 줄 아는 것과 아닌 것은 자신을 지키는데 큰 차이가 있으므로 조선인 청년이 자진해서 군사교육을 받기에 이른 동기도 이런 점에서 매우 수긍할 수 있는 부분이다. 무장 이민을 왕성하게 보내는 점이나 만주 거주 2백만의 조선인이 빈번히 습격받고, 비적때문에 고통받고 있는데, 몸에 군사훈련의 기억이 있는 것과 없는 것은 큰 차이가 있으므로 군사훈련의 직접적인 이득은 막대한 것이다. 만주와 인접한 조선이 이 점을 깨닫는 것은 당연하다. 조선인 학생중에는 졸업 후 바로 만주로 진출하는 자가 많은데, 그들이 자진해서 군사교육을 받으려 하는 것은 실로 지당하지 않은가. 이상의 두 가지 중대한 이유로 조선인에게 군사교육이 실시되어 환영받기에 이르렀는데, 이외에도 아직 거론할 이유가 많다 해도 대개는 이 두 가지가 중요한 이유이다. 그렇다면 조선인이 군사교육을 받는 것을 환영하기에 이른 것은, 그 근거가 매우 굳건하고, 이유가 정당한 것이라 하지 않을 수 없다. 우리는 2천만의 동포가 진실로 국방의 중대성을 통감하여 뿌리깊은 국가사상 위에 서서 본 교육의 향상과 진보를 도모할 것을 희망해 마지않는다.

社説

軍事教育の普及

朝鮮人學生にも擴大

國防觀念を涵養する

15
조선인 자제 군사교육을 실시

1934년 6월 27일 11924호 2면 5단

다가올 인사 이동에 배속 장교를 증가

(동경발) 만주사변 이래 조선동포에게는 군사정신의 자각을 촉구하며, 특히 내선 동포가 조국애에 눈뜬 것은 현저한 사실이 되었다. 조선에서 군사교련은 청년훈련소, 각 학교 등에서 하고 있다. 게다가 모두 군사교련을 받고 싶다는 요망이 갑자기 열렬해졌기 때문에 육군에서는 이들의 요망을 받아들여 내선 융화에 진력하기 위하여 8월의 정기 인사 이동에는 조선 내의 고등보통학교에 현역의 배속 장교를 배치하여 군사교련을 실시하게 되었다. 이미 내지 일본인 자제가 다니는 각 중등학교 33개교에는 현역 장교가 배치되어 군사교련이 실시되고 있지만, 이번 조선인 자제에 대한 군사교련은 완전히 획기적인 것이어서 크게 기대된다.

朝鮮人子弟
軍事教育を實施
來るべき異動に
配屬將校を增加

(東京發)滿洲事變以來朝鮮同胞には軍事精神の自覺を促し特に內鮮兩同胞の融和愛に目覺めつゝあるは顯著なる事實となつてゐるが朝鮮に於ける軍事教練は靑年訓練所各學校などに於て行はれてをるがとの上共に軍事教練をうけたいとの要望が俄然熱烈となつて來たので陸軍ではとれらの要望を容れて內鮮融和に資するために八月の定期異動には鮮內の高等普通學校に現役の配屬將校を配して軍事教練を行ふことになつた既に內地人子弟の各中等學校三十三校には現役將校が配置され軍事教練が行はれてをるが今回鮮人側子弟への軍事教練は全く劃期的なものであり大いに期待されてゐる

16
조선인 자제에게 군사교육을 실시하다

1934년 7월 21일 11948호 2면 5단

조선 내에서 5개교를 선발하여 8월부터 실시하다

(경성 발) 올해부터 새로이 조선인 자제를 수용하는 학교에도 군사교련을 실시하게 되어 조선군 및 총독부에서 수시로 협의 중이었는데, △ 경성 제1고등보통학교, 제2고등보통학교 △ 경성상업학교 △ 대구의전, 평양의전의 5개교에 배속 장교를 배치하게 되었는데, 이 배속 장교는 8월 1일의 육군 정기 인사이동에서 발령할 예정.

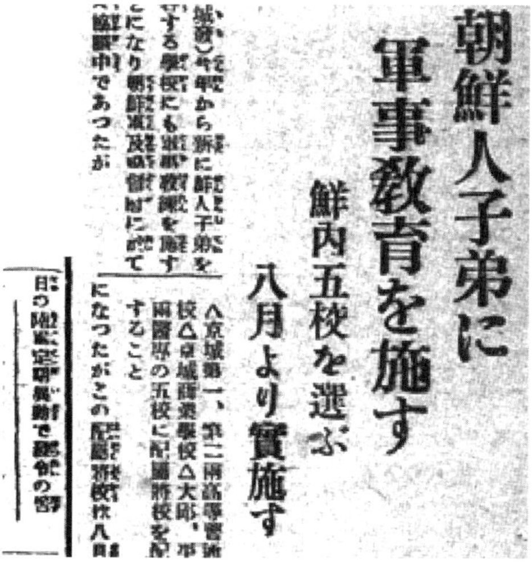
朝鮮人子弟に軍事教育を施す

鮮內五校を選ぶ

八月より實施す

도덕교육

10

01
도덕교육 강조

1936년 1월 29일 12499호 2면 6단

가토加藤 조교수 강연

도덕교육의 일대 쇄신을 도모하기 위해 경상남도 당국에서는 도내 공사립중등학교장 및 교무훈육주임, 실업보습학교장, 초등학교장을 소집하여 오는 2월 5일부터 8일까지 4일간에 걸쳐 부산 제1소학교 강당에서 개최하기로 결정했는데, 강사는 도쿄 문리과대학 조교수 가토 니헤이 씨로 '존덕尊德 전집과 현대교육에 대하여'라는 제목으로 가토 교수가 열변하여 도덕교육의 필요성을 강조할 예정이다.

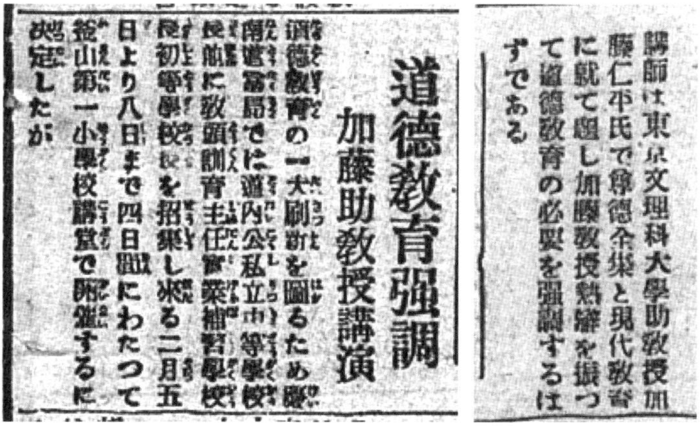

道德教育強調
加藤助教授講演
道德教育の一大刷新を圖るため慶南道當局では道内公私立中等學校長竝に教頭訓育主任實業補習學校長初等學校長を招集し來る二月五日より八日まで四日間にわたつて釜山第一小學校講堂で開催するに決定したが講師は東京文理科大學助教授加藤仁平氏で尊德全集と現代教育に就て題し加藤教授熱辯を揮つて道德教育の必要を強調するはずである

02

도덕교육의 확립과 국체명징國體明徵의 철저화

1936년 2월 1일 12502호 3면 4단

경남중등학교장회의 31일, 1일 이틀간

현재의 시국에 비추어 국체명징과 도덕교육의 철저를 강조하는 경상남도 공사립중등학교장회의는 31일, 1일의 이틀에 걸쳐 오전 10시부터 마쓰모토 내무부장 주재하에 도청에서 개최, 도내 19개교에서 모두 출석하여 다음의 일정에 의해 회의에 들어갔는데, 제1일은 하지 지사 훈시 지시 및 주의사항, 청취사항 답신으로 오후 4시 해산했다. 지시 및 주의사항 자문사항은 다음과 같다.

일정

제1일 오전 10시부터 오후 4시까지

1. 도지사 훈시

2. 지시 및 주의사항

3. 청취사항 답신

제2일 오전10시부터 정오까지

4. 청취사항 답신

5. 제출의견 희망사항

6. 협의사항

지시주의 사항

중등학교에 있어서의 인격육성의 철저에 관한 건

중등교원의 자질향상에 관한 건

기강 숙정에 관한 건

생도의 신사참배에 관한 건

종교적 감정의 육성에 관한 건

교수 내용 및 방법의 쇄신에 관한 건

수업시수의 충실에 관한 건

국어교육의 철저에 관한 건

학교교련의 철저에 관한 건

무도교육의 충실에 관한 건

실업학교에 있어서의 상식의 함양 및 보통교과의 교수에 관한 건

졸업생 지도의 확충철저에 관한 건

학교체육 위생의 개선에 관한 건

교외에 있어서의 생도 지도 감독에 관한 건

교편물의 수집 및 제작에 관한 건

중등학의 사회 교육적 활동에 관한 건

숙직근무에 관한 건

교원의 자택 교수에 관한 건

중등학교 입학자 선발에 관한 건

교과용 도서 채용에 관한 건

자문사항

1. 그 학교의 실정을 감안하여 생도 덕행으로 교화의 결실을 거두는 데 특

히 유의하며 또한 앞으로의 계획 또는 실시하려는 구체적 사항

2. 신을 공경하고 조상을 숭배하는 관념 함양에 있어 가장 적절한 구체적 방안 여하

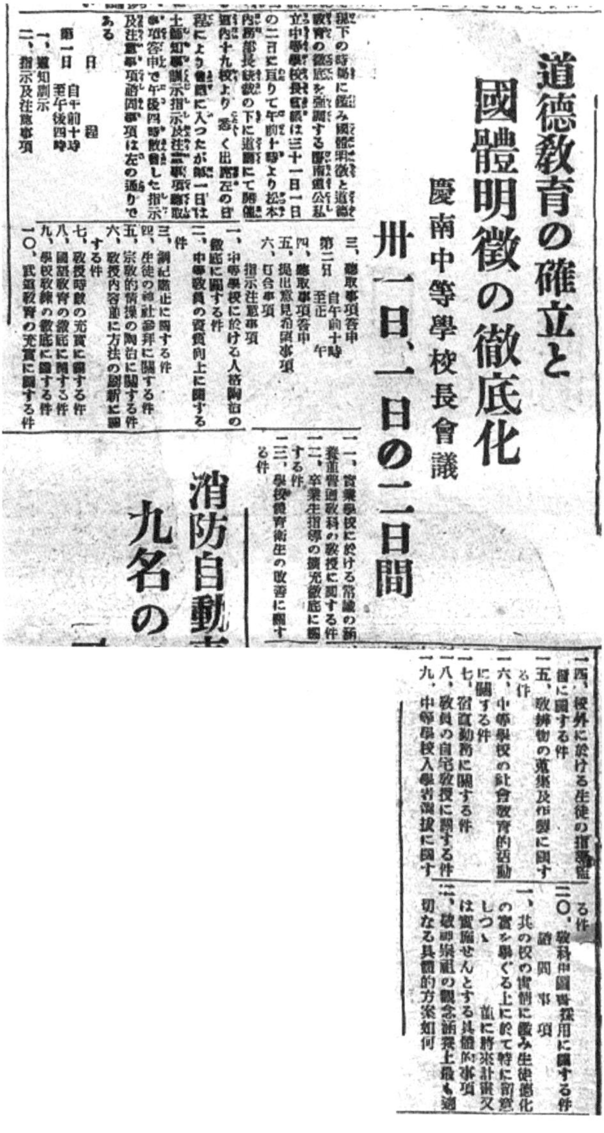

道德教育の確立と國體明徵の徹底化

慶南中等學校長會議

卅一日、一日の二日間

現下の時局に鑑み國體明徵と道德教育の徹底を強調する慶南道公私立中等學校長會議は三十一日一日の二日に亘りて午前十時より松本内務部長統裁の下に道廳にて開催道内十九校より悉く出席左の日程により會議に入つたが第一日は土師知事訓示指示及注意事項諮問事項に次で午後四時散會した指示及注意事項諮問事項は左の通りである

日程

第一日 自午前十時 至午後四時

一、知事訓示

二、指示及注意事項

三、聽取事項答申

第二日 自午前十時 至正午

四、聽取事項答申

五、提出意見希望事項

六、打合事項

指示注意事項

一、中等學校に於ける人格陶冶の徹底に關する件

二、中等教員の資質向上に關する件

三、綱紀肅正に關する件

四、生徒の神社參拜に關する件

五、宗教的情操の陶冶に關する件

六、教授内容並に方法の刷新に關する件

七、教授時數の充實に關する件

八、國語教育の徹底に關する件

九、學校教練の徹底に關する件

一〇、武道教育の充實に關する件

一一、實業學校に於ける常識の涵養並實習教科の教授に關する件

一二、卒業生指導の擴充徹底に關する件

一三、學校體育衞生の改善に關する件

一四、校外に於ける生徒の指導監督に關する件

一五、教[illegible]物の蒐集及作製に關する件

一六、中等學校の社會教育的活動に關する件

一七、宿直勤務に關する件

一八、教員の自宅教授に關する件

一九、中等學校入學者選拔に關する件

二〇、教科用圖書採用に關する件

諮問事項

一、其の校の實情に鑑み生徒德化の實を擧ぐる上に於て特に留意しつゝ、並に將來計畫又は實施せんとする具體的事項

二、敬神崇祖の觀念涵養上最も適切なる具體的方策如何

消防自動[illegible]

九名の

03

도덕교육 강습회

1936년 2월 6일 12507호 2면 7단

5일부터 제1소학교에서

일본정신의 강조와 교육의 윤리화는 현대의 교착상태에 빠진 교육에 매우 중대한 것이다. 경상남도에서는 5일부터 8일까지 5일간에 걸쳐 부산 제1소학교 강당에서 도덕교육 강습회를 개최했는데, 강사는 도교 문리과대학 조교수 가토 니헤이 씨로 '존덕尊德전집과 현대교육'이라는 제목으로 가토 조교수의 열정 넘치는 강연이 이루어졌다.

청강자는 도내공립중등학교장 및 교무, 훈육주임 및 초등학교장 등 약 4백 명으로 첫째 날은 도에서 사카모토 학무과장, 쓰지 시학관, 오이카와, 시노하라 등 각 시학관이 출석하여 청강했는데 매우 성대했다.

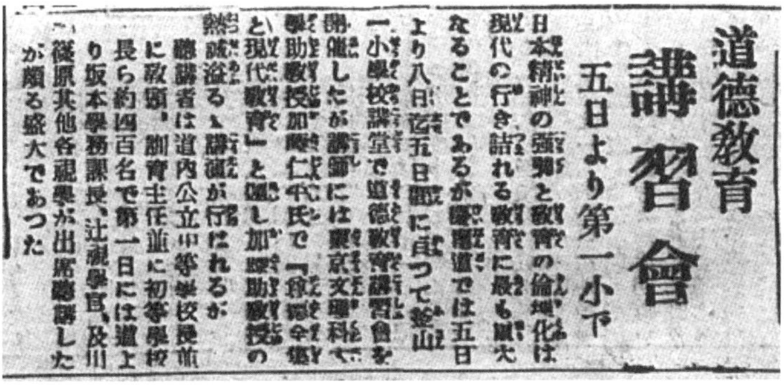

道徳教育
講習會
五日より第一小で

日本精神の強調と教育の倫理化は現代の行き詰れる教育に最も重大なることであるが慶南道では五日より八日迄五日間に亘つて釜山第一小學校講堂で道徳教育講習會を開催したが講師には東京文理科大學助教授加藤仁平氏で『尊徳全集と現代教育』と題し加藤助教授の熱誠溢るゝ講演が行はれるが聴講者は道内公立中等學校長並に教頭、訓育主任並に初等學校長ら約四百名で第一日には道より坂本學務課長、辻視學官、及川、篠原其他各視學が出席聽講したが頗る盛大であつた

공업교육

11

01
공업교육조사

1916년 8월 9일 5985호 94면 5단

공업교육조사위원회에서는 장래 발달시켜야 할 공업의 종류 및 학교 배치에 관한 조사는 이미 종료했으며, 또한 대략 결정 단계에 도달함으로써, 앞으로는 이를 토대로 더욱더 학교의 편성 및 교수세목을 선정해야만 한다. 현재 제반사항 조사 중이며 머지않아 완료된 안건을 보일 예정이다.

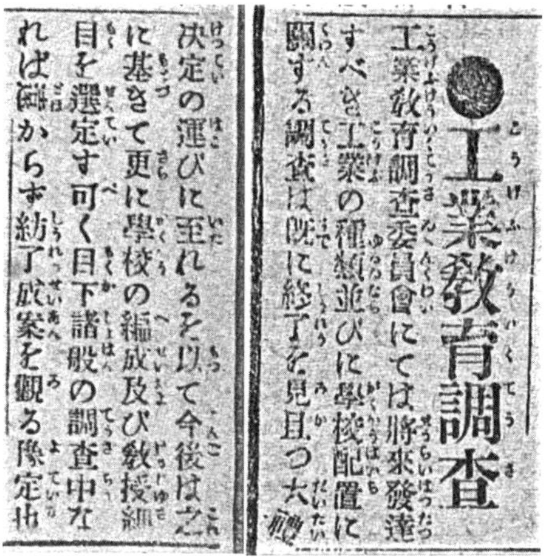

●工業教育調査

工業教育調査委員會にては將來發達すべき工業の種類並びに學校配置に關する調査は既に終了を見且つ大體決定の運びに至れるを以て今後は之に基きて更に學校の編成及び教授細目を選定す可く目下諸般の調査中なれば遠からず終了成案を觀る豫定也

02

공업보습교육 부산부 당국의 방침

1923년 4월 5일 8078호 2면 4단

부산에 소학 정도의 전문학교가 필요하다고 하는 것은 일반적 여론이다. 부 당국은 이의 건설을 서둘러 현재 제5소학교에서 하고 있다. 수공手工을 독립시켜 공업보습학교로 만들려고 12년도 예산에 70원의 비용을 계상했는데, 학교조합은 시기상조라고 부결하였고, 이를 대신해 천 원을 계상하여 현재대로 확대하지 않는다는 일시적 변통의 수단을 취하는 단계이다. 당국은 부득이하게 천 원으로 공구 등을 구입하여 사업을 견실하게 이끌고, 종래 몇 명의 특별 지원생을 수용한 것을 확대하여 더욱더 실적 향상을 꾀하며 학교조합 측의 양해를 얻을 때까지 기다릴 생각인 것 같다.

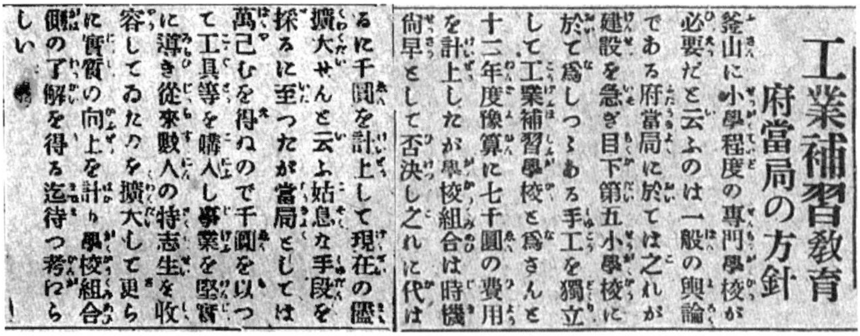

工業補習教育
府當局の方針

釜山に小學程度の專門學校が必要だと云ふのは一般の輿論である府當局に於ては之れが建設を急ぎ目下第五小學校に於て爲しつゝある手工を獨立して工業補習學校と爲さんとして十二年度豫算に七千圓の費用を計上したが學校組合は時機尚早として否決し之れに代はるに千圓を計上して現在の儘擴大せんと云ふ姑息な手段を採るに至つたが當局としては萬己むを得ねので千圓を以つて工具等を購入し事業を堅實に導き從來數人の特志生を收容してゐたのを擴大して更らに實質の向上を計り學校組合側の了解を得る迄待つ考らしい

03

생각지도 못한 부산공업보습 폐지

1927년 2월 26일 9337호 3면 3단

일부 의원 간에 말이 나오다니 부 당국 완전 의아한 듯 말하다

산업교육은 총독부의 근본방침

극소수이지만 부산공업보습학교 폐지문제는 일부 학교조합의원 사이에서 제창되어 그 불필요성을 따져서 오는 의회에도 제출하지 못한 상태인데, 그 이유로는 부산공업보습학교가 1년에 약 5천 원의 경비를 산정하여 순이익금으로 2천 5백 원을 올린다는 책임액에 대해 겨우 1년에 5백여 원에 불과하고 그 외 재료비 기계구입비 설비비 등이 필요하니 이 참에 경비절감을 위해 폐지하고 다른 학교 비용에 충당하라는 것이었는데, 당 학교가 창설, 개교한지 얼마 되지 않았지만 건실한 발전과 융성을 이루어 조선전역 보습학교 중에서 가장 우수한 성적을 올, 1년에 8천여 원의 총 매상을 올려 입학율의 증가와 함께 장래가 기대되고 있는 오늘, 학년 연장설까지 전해지고 있는 참에 폐지문제는 시대를 역행한 합당치 못한 문제로서 비난받고 있는데, 그 추이는 주시되고 있다.

폐지라니 생각지도 못한 것

부 당국 말하다

본 문제에 대해 부 당국의 말에 의하면, '부산공업보습학교는 조선전역의 보습학교 중 가장 우수한 성적을 올려 상업의 발달과 함께 공업 발전을 도모하는데 가장 필요한 보습교육이므로 폐지는 생각지도 못한 것이다. 오히려 현재의 수업연한 1년 제도를 3년으로 연장하여 전문적 보습교육을 실시하고 내부의 충실을 꾀하고 싶은 의향이다'라며 폐지문제를 일소一笑에 붙이고 있다.

思ひも寄らぬ
釜山工業補習の廢止
一部議員間に上るとは府當局
全く怪訝なそうに語る
産業教育は＝總督府の根本方針

廢止とは思ひもよらぬ
府當局語る

警備通信の
眞先き

04

공업교육 충실의 급선무

1928년 1월 12일 9647호 2면 3단

부산에서 고야마小山 고등공업학교 교수 말함

머지않아 올 호황에 대비

경성고등공업학교 교수이면서 조선총독부 중앙시험소 기사를 겸임하는 고야마 잇토쿠 씨는 어제 11일 경상남도로 지사부장 마쓰시마 학무과장을 방문하여 학사상의 협의를 했는데 조선의 공업교육에 대해 말하기를,

조선의 공업교육은 한국정부시대에 일본의 지도로 공업전습소工業傳習所를 설립하게 되고 그것이 발전하여 공업학교가 되어 다이쇼 6년1917 마침내 경성고등공업학교를 설립하기에 이르렀다. 졸업생은 이번에 11회째로 47명을 내어 각 방면으로 취직 교섭 중이다. 부산은 영도의 경질도기硬質陶器회사에 공업학교의 졸업생이 10여 명 취직했고 또 내지 일본 특히 관서지방에는 고등공업의 졸업생도 취직해 있다. 단지 유감스러운 것은 경상남도 출신의 졸업생이 1명도 없어 내년도부터 반드시 경상남도 출신의 입학생을 맞이했으면 하고 희망하고 있다. 고등공업은 물론 전 조선에 유일하게 1개소뿐이지만, 갑종 공업학교는 경성 외에 진남포의 상공학교가 있으며 또 을종 공업학교로서는 충청남도 홍성에 작년 신설되어 학교조합비의 공업보습학교 즉 이전의 간이공업학교는 대개 각 도에 1, 2개 설립되어 경상남도 내에는 부산의 공업보습학교와 함양의 공업보습학교가 있는데 부산의 공업보습학교는

꼭 한번 보고 싶다. 공업학교의 졸업생은 경기가 좋을 때 취직할 곳이 많으며, 불경기 때는 불황이지만, 조선 북부 특히 함경남북도 방면에는 여러 공업부흥의 기운이 있어 몇 년 후에는 반드시 공업의 전성시대가 될 것이기에 지금부터 공업교육을 활발히 하고 싶은 것이다. 운운

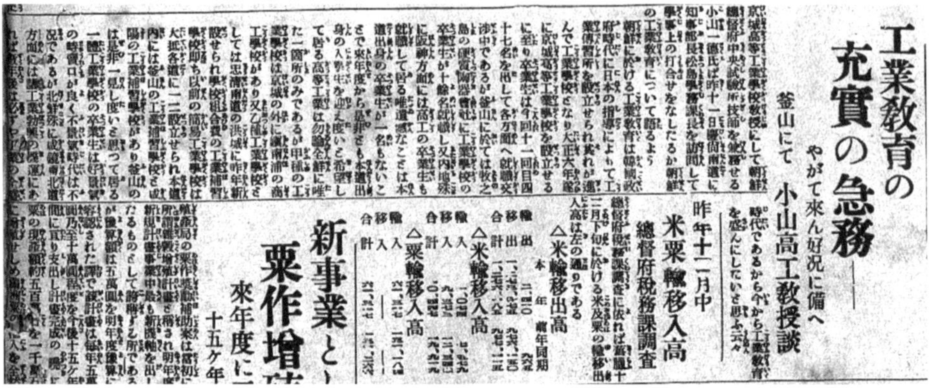

工業教育の充實の急務——

やがて來ん好況に備へ

釜山にて　小山高工教授談

時代であるから今から工業教育を盛んにしたいと思ふ云々

京城高等工業學校教授にして朝鮮總督府中央試驗所技師を兼務せる小山一德氏は昨十一日慶尚南道に知事部長松島學務課長を訪問して學事上の打合せをなしたるが朝鮮の工業教育について語るよう

朝鮮に於ける工業教育は韓國政府時代に日本の指導によって工業傳習所を設立せられ其れが進んで工業學校となり大正六年總に京城高等工業學校を設立せるに至り卒業生は今回十一回目四十七名を出して各方面へ就職交渉中であるが釜山に於ては牧之島の硬質陶器會社に工業學校の卒業生が十餘名就職し又內地殊に阪神方面には高工の卒業生も就職して居る唯遺憾なことは本道出身の卒業生が一名もないことで來年度から是非とも本道出身の入學生を迎え度いと希望して居る高等工業は勿論全鮮に唯た一箇所のみであるが甲種の工業學校は京城の外に鎭南浦の商工學校があり又乙種工業學校としては忠淸南道の洪城に昨年新設せられ學校組合費の工業補習學校即ち以前の簡易工業學校は大抵各道に一二設立せられ本道內には釜山の工業補習學校と咸陽の工業補習學校があり釜山のは是非一見し度いと思って居る一體工業學校の卒業生は好景氣の時は口が良く不景氣時代は不況であるが北鮮殊に咸鏡南北道方面には諸工業勃興の機運にあれば數年後は必ずや工業の全盛

昨年十二月中

米粟輸移入高

總督府稅務課調査

總督府稅務課調査に依れば昨年十二月下旬に於ける米及粟の輸移出入高は左の通りである

△米輸移出高

△米輸移入高

△粟輸移入高

新事業と粟作增

來年度に

十五ケ年

05

공업교육의 충실 조선 전역 각지에 공업학교

1936년 6월 2일 12624호 3면 4단

그 설치를 요망하다

조선상공회의소에 부산 제안

부산상공회의소에서는 이미 보도한 바와 같이 29일 오후 1시부터 동 회의소에 임원회를 개최, 6월 중순 경성에서 개최되는 조선상업회의소 정기총회에서의 부산측의 제안을 협의한 결과 다음과 같이 부산 제출 의안을 결정했다.

〈제안〉 조선 주요 지역에 공업학교를 설치할 것을 요망한다.

이유 최근 조선에는 공업 방면에 있어서의 자원의 발달, 자본의 유치 및 경영 조건의 개선 등에 뚜렷한 노력을 기울여 최근 현저히 조선 내 공업 진흥을 보게 되었으나 공업경영의 주축이 되어야 할 중견 취업원의 양성에 관해서는, 이의 교육기관인 중등 정도의 공업학교가 아직 대체로 조선 내의 중요 도시에 없는 곳이 있기 때문에 조선 내의 취업원의 능력이 현저히 저하되는 것은 이미 근대공업의 발흥을 보고 있는 우리 반도 공업계의 현상을 감안해 볼 때 매우 유감스런 점이다. 바야흐로 반도의 각종 공업은 연액 5억 5천만 원의 공산工産을 이루어 이미 중요한 조선 산업의 한 부분을 이루었다.

게다가 장래 더욱 그 약진이 기대된다. 이번 가을을 맞아 중견 기술자의 양성은 우리 반도 공업계의 현재 상황에 비추어 보건대 시급한 일이다. 따라서 조선 내 주요한 공업도시에 중등 정도의 공업학교의 설치 방안을 요청하는 바이다.

工業敎育の充實
全鮮各地に工業學校
その設置を要望す
朝鮮商議に釜山提案

釜山商工會議所では既報の如く二十九日午後一時より同所に役員會を開催六月中旬京城で開催される朝鮮商議定時總會に於ける釜山商議の提案に關し協議を行つた結果左の如く釜山提出議案を決定した

提案 朝鮮樞要の地に工業學校を設置せられんことを要望す

理由 近時朝鮮に在りては工業方面に於ける資源の開發、資本の誘致並に經濟條件の改善等に關し鮮からざる努力が傾到したるが爲め晩近著しく鮮內工業の振興を見るに至れり之れ等も工業經營の樞軸たるべき中堅就業員の養成に關しては之が敎育機關たる中等程度の工業學校が未だ概ね鮮內樞要都市に缺如せるものあるが爲め鮮內に於ける就業員の素質が著しく低下せるものあるは既に近代工業の勃興を見つゝある我半島工業界の現狀に鑑み甚だ遺憾とするところなり今や半島の各種工業は既に年額五億五千萬圓の工產を擧げ既に重要なる朝鮮產業の一部門を形成し更に將來益々其の躍進を期待せらる此の秋に當り中堅工手の養成は我半島工業界の現況に照し蓋し刻下の急務なりと思惟す即ち鮮內樞要の工業都市に中等程度工業學校の設置方を要望せむとする所以なり

しめることが第一で買收は急がなくても鐵道機能には變りはない中央線の起點は永川、淸凉里である工事も難工事ではないが長いトンネルも二つ位だ然し丹那トンネルの樣な長いものではない建設事務所は京城外一ケ所で釜山には置かない港灣費のうちには草梁沖の埋立計劃費が含まれてゐる釜山埠頭の計劃も理想案として考研中に屬し大港灣組織を考へてゐるが大規模關釜連絡船の所屬を鮮鐵に移管も問題だ釜山驛の移轉も次の計劃でまだ何とも判らない皆な理想の上に立つた案だ改良工業は釜山三浪津間水原鳥補間で皆な周知のことた

06

<경제만어> 공업학교의 설립

1937년 12월 7일 13173호 5면 5단

교육이 늦는 경향

경기도에서는 내년도에 공업학교의 설립경영을 계획하고 있다. 중등 정도의 공업학교는 전무한 조선에 있어서 이것은 매우 드문 일이다. 내지 일본에서는 대체로 각 현에 1개교나 2개교는 있으며 많게는 3개교나 경영하고 있는 곳도 있다.

그런데 조선에 1개교도 없는 것은 안타까운 일이다. 이번에 경기도가 처음으로 최초로 1개교를 설립하려고 하니 확실히 조선에서는 획기적이라 하겠다. 도 당국은 늦기는 했으나 오히려 보다 완전하게 만들려고 열심히 노력하고 있다.

어째서 지금에 와서는 뼈저리게 필요성을 느끼는 공업학교가 1개교도 없이 오늘에 이르렀는지. 이는 조선의 공업적 진보가 결여되었기 때문으로 바꿔 말해 지지 부진하였던 것이 그 원인이라 할 수 있다.

다음으로 주요 요인은 경영에 막대한 돈을 필요로 하는 것이다. 실제 공업학교의 설립은 여간해서는 힘든 일이다. 다른 중등학교처럼 그렇게 간단하지 않아 고민이 컸다.

그 정도로는 아직 절대적으로 필요한 것이 되지 못하여 공업학교 같은 것은 뒷전으로 밀려 오늘날에 이르렀다. 그러나 현재에 이르고 보니 어느새 뒤로 미룰 수 없을 정도로 절실해졌고 주위가 발전하여 오히려 교육이 뒤처지고 있는 듯한 느낌조차 들었다. 따라서 공업학교의 설립 계획은 아주 적절하다고 해야 할 것이다.

工業學校の設立

教育が遅れ勝ち

▲……京畿道では來年度に工業學校の設立經費を計上してゐる。中等程度の工業學校としては皆無な朝鮮に於てこれは全く珍らしい事である內地では大概各縣に一校や二校はあり甚しきは三校も經營してゐるところもある

▲……然るに朝鮮に一校もない事は淋しい。今回京畿道が初めてその最初の一校を設立せんとしたのであつてたしかに朝鮮としては劃期的のものであるといひたい。道當局としては遲まきながら造るのであるから、より完全なるものを造らんとして今や懸命の努力を拂つてゐる。

▲……何故にいまとなつて痛切に必要を感じられるその工業學校が一校もなくして今日に到つてゐるか、といふにこれは朝鮮の工業的進步がかくあらしめた爲めである換言して遲々として、進まなかつたことがその原因をかくあらしめてゐる

▲……次にその理由の重なるものは經營に莫大な金を要するのである。實際工業學校の設立はちつとやそつとではいかぬ。他の中等學校のやうにさう簡單に參らぬところに大きななやみがあつた。

▲……それどころではまた外に經濟的必要なものさへ出來ずにある工業學校の如きは後廻しとなつて今日となつた然し今日となつてみると最早や後廻しといかぬまでに切實のものとなつて來た四圍が進んで教育が寧ろ遲れてゐると言ふやうな觀さへ起るに到つた。さうしてみるとこれが計畫されることは斷じて適切であると言ふ外はない。

07

공업교육의 확충

1939년 4월 22일 13662호 1면 2단

인적자원 공급을 확보하여 지방적인 발달 촉진

부산부에서는 조선의 공업교육은 앞으로 더욱더 시설의 보급 확충과 인적자원의 배양에 충실을 도모함으로써 조선 내에서의 산업경제발전의 동향에 대처함과 동시에 조선이 짊어진 대륙 전진 병참기지의 사명을 달성하기 위해 각 도와 함께 공업교육의 진흥에 임하게 되었는데, 이는 각 도에 있어서의 지방 적합산업주의에 따라 구체적 시책을 수립하여 인적자원의 공급 확보에 의하여 공업의 지방적 발전을 촉진하게 되었다.

工業教育の擴充

人的資源供給を確保し 地方的に發達促進

本府では朝鮮における工業教育は今後一層擴張の普及發達を計り人的資源の培養充實を圖り以て鮮内における産業經濟發展の動向に順應すると共に朝鮮の當面する大陸前進兵站基地の使命達成のため各道共に工業教育の振興に努むる事になつたが右は各道における適應産業主體によりこれが具體的施策を樹立し人的資源の供給確保により工業の地方的發達を促進する事になつた

を全面的に即時又は漸進的に實行せしむるを以て根本條件となすが如き見解を指摘する者無きにあらずとし又内地人の一部には之に依つて先輩者たるの優位を

부산경남교육회

12

01
부산교육회 총회

1921년 4월 15일 7482호 2면 6단

부산교육회에서는 16일 오후 3시부터 부산 공립제1소학교에서 총회를 개최하여 다이쇼 9년도1920 중의 사업 및 결산보고에 대해 10년도 예산에 관한 협의를 시행하여, 이상 마쳤고, 야노 부산고등여학교 교사의 '메이지 9년1876에 있어서 부산'이라는 제목하에 흥미 있는 강연을 시도한다. 또한 사정에 따라서는 현재 부산을 방문 중인 나카가와 문학사에게 일장의 강연을 청해야 한다고.

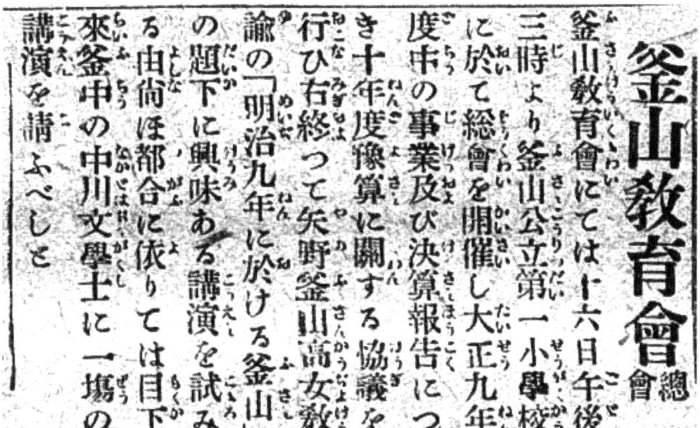

釜山教育會 總會

釜山教育會にては十六日午後三時より釜山公立第一小學校に於て總會を開催し大正九年度中の事業及び決算報告につき十年度豫算に關する協議を行ひ右終って矢野釜山高女教諭の「明治九年に於ける釜山」の題下に興味ある講演を試みる由尚ほ都合に依りては目下來釜中の中川文學士に一場の講演を請ふべしと

02

경남교육총회

1925년 10월 15일 8861호 2면 6단

오는 11월 6일부터 4일간 부산에서 개최

경상남도교육회에서는 11월 7일 오전 10시부터 부산중학교 강당에서 총회 개최하여 회무보고를 한 후에 임원의 개선을 실시, 끝내고, 회원의 연설 및 명사의 강연이 있다고.

대의원회 또한 전날 즉 6일 오후 7시부터 부산제5소학교에서 대의원회를 개최하여 다이쇼 13년도1924 결산 및 15년도 예산을 심의하고 별도로 건의안의 심사를 실시할 예정이다.

연구발표회는 거듭 8, 9일 이틀간에 걸쳐 부산학교 강당에서 교원연구발표회를 개최, 도내 각 학교직원 3분의 2가 출석하여 산술 및 이과에 관한 새로운 연구를 발표할 예정이다.

慶南教育總會

來る十一月六日から
四日間釜山に於て開催

慶尚南道教育會では十一月七日午前十時から釜山中學校講堂に於て總會開催會務報告の後役員の改選を行ひ終つて會員の演說及名士の講演がある

代議員會

尚前日即ち六日午後七時から釜山第五小學校に於て代議員會を開催し大正十三年度決算及び十五年度豫算を審議し別に建議案の審査を行ふ筈である

研究發表會

更に八九の兩日に亘り釜山學校講堂に於て教員研究發表會を開き道內各學校職員三分の二出席算術及理科に關する新研究を發表する筈である

03

부산교육회의 개항기념사업

1926년 1월 20일 8949호 2면 7단

교육 50년사 편찬 기념강연회와 학예공진회

부산부내의 각 학교장연합협의회는 기보와 같이 18일 오후 10시부터 부청회의실에서 개최. 세키모토 부산중학교, 우루시마 고등여학교 두 교장 및 기타가와 제1상업 교감, 기토 도학무과원, 이케다 부학무주임 및 부내 각 소학교, 보통학교장 출석한 후 중등학교 입학 건을 비롯하여 개항 50주년 기념사업 교육진흥 등에 대해 협의하였다. 중등학교 입학에 관해서는 시험문제는 가능한 한 이것을 간소화하여 아동의 부담을 경감하고 평소에 있어서 학교의 성적 및 가정 상태를 참작하여 고려하기로 거의 의견을 일치하여 개항 50주년 기념사업으로서는 부에서 부산부사 편찬을 기회로 부산부사의 일부에 교육 50년사를 부록으로 첨부하기로 내정하였다. 그 자료는 각각 최선을 다하여 이를 수집하기로 한다. 또한 다른 부 및 회의소 그 외의 개최를 참작하여 기념강연회 또는 학예공진회를 개최할 계획을 수립하기로 한다. 그 외의 건도 각각 협의를 이루었는데, 구체적 방법은 다시 다음 회의 회합에서 결정하기로 했다고.

釜山教育會の開港記念事業

教育五十年史の編纂

記念講演會と學藝共進會

釜山府内の各學校長聯合協議會は既報の如く十八日午後十時から府廳會議室に於て開催關本釜中字留島高女兩校長及び北川第一商業教頭鬼頭道學務課員池田府社會主任並に府内各小學校普通學校長出席の上中等學校入學の件を始め開港五十年記念事業教育振興その他に就て協議したるが中等學校入學に關しては試驗問題はなるべくこれを簡易にし兒童の負擔を輕減し平素に於ける學校の成績並に家庭の情態を參酌し考慮することに略ぼ意見一致し開港五十周年記念事業としては府に於て釜山府史編纂を機會に同史の一部に教育五十年史を附錄として添ゆることに内定しその材料は各學校職員を盡して之を蒐集すること、なり尚この外府並に會議所その他の催しを參酌して記念講演會又は學藝共進會を開催する計畫を對つることにしその他の件も夫々協議を遂げたるが具體的方法は改めて次回の會議會合に於て決定することにした

合及び一般社會に對し多少なりとも貢獻するところのあつたことを慶ぶ次第であります尚ほ今後とも一層の御援助を賜りたい云々

の挨拶をなしこれに對し矢島内務部長來賓を代表して祝辭を述べ次いで渡邊評議員仲買組合を代表して謝辭を述べ宴に移り藝妓總出酒間を斡旋し餘興として杵屋の長唄あり次いで主客の隠し藝百出して十二分の歡を盡し午後十時頃散會した

クーピス

渡邊水産評議員曰く釜山主魚仲買組合の昨年の業績は極めて順當であつて水揚魚類の八割は内地及び京城方面に移送し二割を釜山で消化したが仲買組合から小賣商人に對し魚類は別に口錢を徴收して居らぬから從つて魚類も自然安く釜山府民は約二割方安い値頭を食膳に上して居る譯であるがこは仲買組合にとつて一の社會奉仕とも云ふべきであらう

視察報告會

廿三日第七校にて開催

[illegible]

04

경상남도교육총회

1929년 9월 21일 10248호 2면 6단

10월 26일부터 4일간

제7회 경남교육총회는 다음의 일정에 따라 개최하기로 결정했다. 또한 교육총회를 기회로 각종대회를 아울러 개최하게 되었다.

▲ 10월 26일 경남평의원회 고등여학교에서

▲ 10월 27일 경남교육총회 공회당에서

▲ 10월 28일 연구교수회

1. 조선어　마키노시마보통학교에서
2. 수공　부산심상고등소학교에서
3. 재봉　조선재봉 : 부산보통학교에서
　내지 일본재봉 : 제4소학교에서

▲ 10월 29일 연구발표 공회당에서

慶南道教育總會

十月廿六日から四日間

第七回慶南教育總會は左記日程に依り開催せらることに決定した尚右總會を機に各種大會を併せ開催することになつた

▲十月二十六日
　慶南評議員會於高女校

▲十月二十七日
　慶南教育總會於公會堂

▲十月二十八日　研究教授會
一、朝鮮語　於牧之島普通
一、手　工　於釜　尋高小
一、裁縫（イ）朝鮮裁縫於釜山普通（ロ）內地同上於第四小

▲十月廿九日
　研究發表　於公會堂

05

부산교육회 사회부회

1933년 8월 16일 11620호 2면 8단

17일 고등여학교에서

부산교육회에서는 17일 정오부터 부산고등여학교에서 사회부회를 열어 이번 가을 개최되는 직원체육회에 대해 협의한다고.

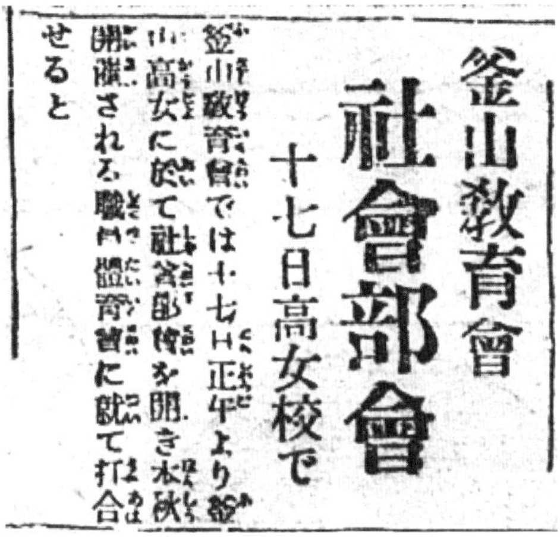

釜山教育會

社會部會

十七日高女校で

釜山教育會では十七日正午より釜山高女に於て社會部會を開き本秋開催される職員體育會に就て打合せると

06

부산교육회 사적조사회

1934년 6월 28일 11925호 2면 7단

부산교육회에서는 선철先哲사적史跡을 탐구하고 국민정신의 함양에 이바지하기 위해 회원을 조직하여 오는 9월 22일부터 3일간 야마구치, 조후, 조몬쿄, 하기의 각지를 시찰방문하게 되었다.

또한 이상의 방문계획의 대략에 대해서는 오는 30일 오후 2시부터 미시마고등여학교에서 동회 평의원회를 열어 결정할 예정.

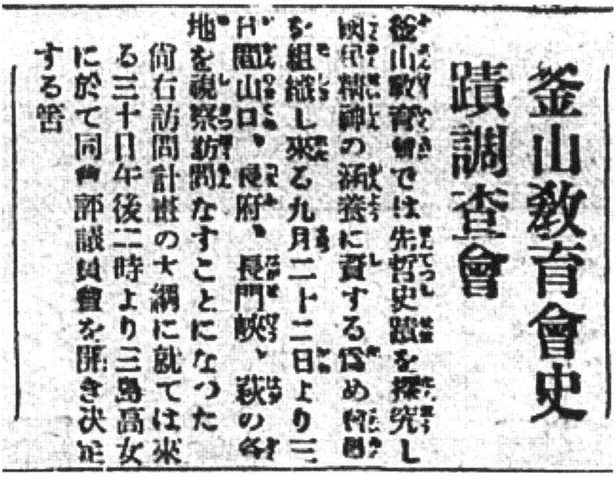

釜山教育會史蹟調査會

釜山教育會では先哲史蹟を探究し國民精神の涵養に資する爲め會員を組織し來る九月二十二日より三日間山口、長府、長門峽、萩の各地を視察訪問なすことになつた

尚右訪問計畫の大綱に就ては來る三十日午後二時より三島高女に於て同會評議員會を開き決定する筈

07

경상남도교육총회

1934년 10월 25일 12044호 3면 1단

25일부터 3일간 연구발표회 여교원 대회

마지막 행사는 체육대회

경남교육의 전당 제11회 경남교육회 총회는 마침내 25일부터 3일간에 걸쳐 부산에서 개최된다. 각 부군에서 1천여의 다수 중, 소학교원이 모두 출석 학습수업연구회, 연구발표회, 여교원대회, 총회에서는 교육 효석자 표창식, 총회○전람회, 상장수여식, 끝으로 체육회 행사를 개최하는데, 3일간은 아마 미증유의 장관을 이룰 것이다.

제1일(25일)

1. 학습지도연구회(오전 9시부터 오후 2시까지)

남자부

과목 수신과 및 국사과

학교 부산공립중학교, 부산 제1공립심상소학교, 부산 제4공립심상소학교, 영도공립보통학교, 부산공립고등소학교

여자부

과목 가사 및 재봉과

학교 부산공립고등여학교, 부산 제2공립고등여학교, 부산 제2공립심상소학교, 부민공립보통학교

행사요항 해당 학교에서 배포한다.

2. 강연(오후 3시부터 오후 5시까지)

회장 부산 제6공립심상소학교 강당

강사 경성제국대학 교수 오타니 가쓰마 씨

연제 미정

제2일(26일)

1. 연구발표회(오전 9시부터 정오까지)

남자부

회장 부산 제6공립심상소학교 강당

과목 수신(훈육)과, 국사과

연구발표자 제1지도원리 재인식 동래 제2공립보통학교 오가타 노부시게

△ 저학년의 국사교육 남양공립보통학원 데모토 아사이치로

△ 내가 걸어온 국사학습지도에 대하여 부산진공립보통하교 김조출

△ 내선관계사의 취급에 대하여 고성공립보통하교 최봉조

△ 보통학교에서 훈육부진의 원인과 그 구제책 백전공립보통학교 이종록

△ 우리 급 훈련 방법 마산공립심상소학교 야마오카 요시히사

△ 수신과 학습장문제의 일고찰 합천공립보통학교 와타나베 고이치

△ 근로훈육의 실제 남해농업실업전수학교 도야마 다카오

여자부

회장 부산공립고등여학교 강당

과목 가목가사 및 재봉과

연구발표자 별지와 같이

2. 교원대회(연구발표 종료 후 오후 1시 반까지)

회장 부산공립고등여학교 강당

3. 교육총회(오후 2시부터 오후 4시까지)

회장 부산 제6공립심상소학교 강당

4. 전람회 상장수여식 (총회 종료 후 이어서)

식장 부산 제6공립심상소학교 강당

제3일(27일)

5. 체육회(오전 9시부터 오후 4시까지)

회장 부산공설운동장

경기 및 종목의 순서 별지 프로그램과 같이

또한 심판원은 가미야, 호시노, 구리타, 사가라, 엔도, 야마구치, 가사하라, 야스타케, 니시, 후키사코, 곤도의 여러 사람이었다.

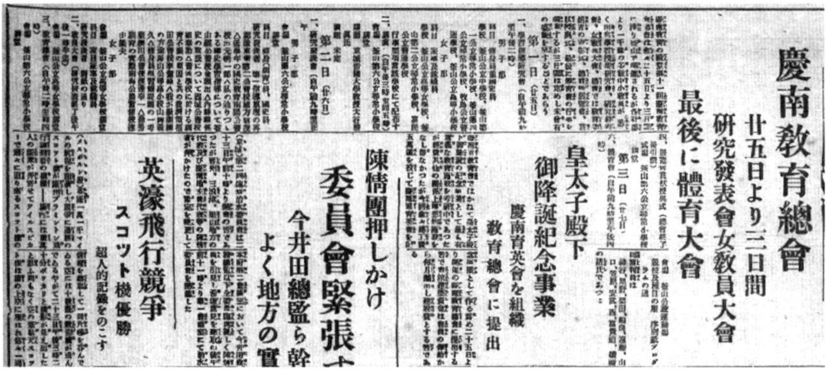

慶南教育總會
廿五日より三日間
研究發表會女教員大會
最後に體育大會

皇太子殿下
御降誕紀念事業
慶南育英會を組織
教育總會に提出

陳情團押しかけ
委員會緊張
今井田總監ら幹
よく地方の實

英濠飛行競爭
スコット機優勝
超人的記錄をのこす

08
부산교육회 창립 30주년 기념행사
1937년 4월 25일 12947호 2면 4단

24일 미시마三島고등여자학교에서 협의

위원회를 설치하고 구체화

부산교육회에서는 동회 창립 이래 올해로 30주년에 해당하기에 이를 기념하기 위해 이번 가을 10월 상순경을 기하여 창립 30주년 기념식을 중심으로 각종 기념사업 및 행사를 대대적으로 개최하게 되었다. 별보와 같이 24일 오후 2시부터 미시마고등여학교에서 개최되었다. 평의원회 석상에서 협의, 타합을 실시함과 동시에 머지않아 위원회를 설치하고 계획안을 구체화하게 되었다. 당일은 외래 관계, 저명인사를 다수 초대할 예정이어서 계획 행사로서는 30주년 기념식 및 기념 대축하회 개최를 비롯하여 기념대강연회 공로자 표창식을 개최한다. 게다가 영구적 기념사업으로서 교육회관 설립 등이 계획되어 있으며 당일은 가을의 부산을 장식하는 금자탑으로서 기념대회의 성황을 기대한다.

釜山教育會創立
卅周年記念行事
廿四日三島高女で協議
委員會を設け具體化

釜山教育會では同會創立以來本年を以て三十周年に相當するのでこれを記念する爲今秋十月上旬頃を期して創立三十周年記念式を中心に諸種の記念事業並に行事を大々的に開催する事になり既報の如く二十四日午後二時より三島高女で開催された評議員會席上で協議打合せを行ふと共に近く委員會を設け計畫案を具體化する事になつたが當日は外來の關係知名士を多數招待する筈であり重なる計畫行事としては三十周年記念式及び記念大運動會の開催を始め記念大講演會功勞者表彰式を催し更に永久的記念事業として教育・館の設立等が計畫されてをり當日は秋の釜山を飾る金字塔として記念大會の盛況を期待されてゐる

09

경상남도교육회 강습회

1937년 12월 26일 13192호 2면 5단

26일부터 3일간 부산고등소학교에서 거행하다

경남교육회 주최 교육강습회는 26일부터 3일간에 걸쳐 부산고등소학교에서 거행하게 되었다. 행사일정은 다음과 같다.

제1일(26일) 일요일

(1) 용두산신사 합동참배, 동방요배 오전 9시

(2) 개회식 오전 9시 반

순서

1. 개회사

2. 국가 합창

3. 황국신미의 서사(2) 제송

4. 강사소개

5. 강사인사

6. 폐회사(폐회 직수 회원에게 주의 등)

(3) 강연 오전 10시부터 오후 3시까지

제2일(27일) 월요일 오전 9시부터 오후 3시까지

제3일(28일) 화요일 오전 9시부터 오후 3시까지

(1) 폐회식 오후 3시

순서

1. 황거요배

2. 황국신민의 서사(2)

3. 강습원 대표 인사

4. 폐회사

연제

1. 일본정신과 불교사상

일시 26일부터 28일까지 3일간

강사 히로시마문리과대학 교수 후쿠시마 마사오 씨

회장 부산공립고등소학교

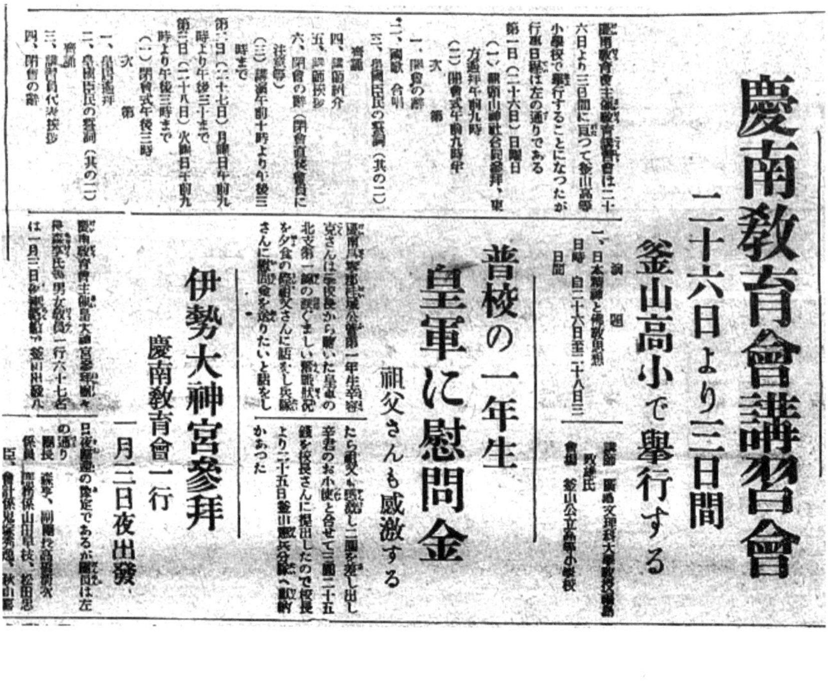

慶南教育會講習會

二十六日より三日間

釜山高小で擧行する

行事日程は左の通りである

第一日（二十六日）日曜日

（一）龍頭山神社合同參拜、東方遙拜午前九時

（二）開會式午前九時半

次第

一、開會の辭

二、國歌合唱

三、皇國臣民の誓詞（其の二）

齊誦

四、講師紹介

五、講師挨拶

六、閉會の辭（閉會直後會員に注意等）

第二日（二十七日）月曜日午前九時より午後三十まで

第三日（二十八日）火曜日午前九時より午後三時まで

（一）閉會式午後三時

次第

一、宮城遙拜

二、皇國臣民の誓詞（其の二）

齊誦

三、講習員代表挨拶

四、閉會の辭

一、日本精神と佛教思想

日時 自二十六日至二十八日三日間

講師 廣島文理科大學教授福島政雄氏

會場 釜山公立高等小學校

普校の一年生

皇軍に慰問金

祖父さんも感激する

かあつた

伊勢大神宮參拜

慶南教育會一行

一月三日夜出發

の通り